Björn Christian Menke

# * A CUT ALONG THE EDGE *

## Englisch für Friseure

mit

Lilly & Tom

zsr
VERLAG

# Impressum

Bibliografische Informationen der Deutschen Nationalbibliothek:
Die Deutsche Nationalbibliothek verzeichnet diese Publikation in der Deutschen Nationalbibliografie; detaillierte bibliografische Daten sind über http://dnb.d-nb.de abrufbar.



ISBN: 9783942295192



1. Auflage 2018
Autoren: Björn Christian Menke
Herausgeber: zsr Verlag OHG, Oldenburg
Layout & Cover: B. Menke

Druck: ScandinavianBook
Printed in EU

## Danksagung

***Mein Dank gilt all denen, die mich so großartig unterstützt und inspiriert haben:*** *Maik, Eike, Richard (ZSR Verlag), Jennifer, Dave, Yasmin, Peter, Sina für die Arbeit am Buch.*
***Meinen Freunden und Familie gilt der Dank für die Inspiration:*** *Mama Brigitte, Papa Dieter, meiner Frau Sina und meinem Sohn Jona-Christian, meiner Schwester Sandra und ihrer Bande, Darrin, Erika und dem Headcrash-Team.*

## Inhaltsverzeichnis

# Vorwort

## *„A cut along the edge“ – Englisch für Friseure – hilft dir mit Redewendungen und Fachvokabeln, deine Kommunikationsfähigkeit zu verbessern*

**Alles im Blick ?**
Salonsituationen mit Dialogbeispielen in Englisch / Deutsch

**So vergisst du keine Vokabel mehr!** Mit der Mind-Map-Methode einfach und effektiv Vokabeln lernen

**Kennst du deine Umgebung?**
Einrichtung und Gegenstände im Friseursalon spielerisch auf Englisch erkunden

**Palming the shears!**
Englisches Friseur-Fachvokabular von A-Z

Es hätte auch ein weiteres Buch über Styling, Haarschnitte oder Färbetechniken sein können. Mir lag es aber am Herzen, der Friseurwelt einen kleinen Einblick in ein anderes wichtiges Thema zu geben: „Englisch für Friseure“.

Die Idee dazu kam mir, als eine Kollegin mich bat, ihr ein paar wichtige englische Vokabeln zu verraten, nachdem ich einen englischsprachigen Kunden bedient hatte.
Ich erinnerte mich gleich an die Schwierigkeiten, die ich hatte, als ich 2007 in die Metropole London gezogen war – damals noch als Musiker. Diese Stadt war unglaublich teuer, und die Musik reichte nicht, um zu überleben. So ging ich zurück in meinen Beruf, schließlich hieß es doch immer: „Als Friseur kannst du auf der ganzen Welt arbeiten!" Gesagt getan, dachte ich.
Meine erste Kundin kam damals direk vom Flughafen London Heathrow, eine New Yorker Business-Lady, die für einen Geschäftstermin kurzfristig eine Föhnfrisur brauchte. Abgesehen davon, dass ich auch bei Föhnfrisuren noch etwas grün hinter den Ohren war, musste ich feststellen, dass mich mein Englisch an diesem Punkt schon verließ.
Unter den Musiker-Kumpels kam ich mit meinen Kenntnissen gut zurecht. Aber als Friseure und Stylisten sind wir für ein bestimmtes Ge-

fühl zuständig. Kunden wollen sich gut aufgehoben, sicher und verstanden fühlen. Und das ist selbst in der eigenen Muttersprache schon eine Herausforderung, oder?

Passte also die Realität zu der Ankündigung aus der Ausbildung, dass man als Friseur auf der ganzen Welt arbeiten konnte?
Wenn ich ehrlich bin, erinnerte ich mich in der Situation nicht einmal an den englischen Ausdruck für „Beratung". Aber ich erinnere mich jetzt noch sehr gut an den heiß-kalten Schauer, der mir durch den Körper strömte.

„Englisch für Friseure" ist ein unterstützendes Handbuch für alle, die Englisch im Friseuralltag brauchen. Es setzt ein gewisses Maß an Grundkenntnissen voraus, dennoch wurde es bewusst so einfach wie möglich gestaltet. Der Fokus liegt dabei auf Konversationsfähigkeit, Redewendungen und Vokabular im Friseurbereich.
Dieses Buch ist in Zusammenarbeit mit einigen englischen Muttersprachlern entstanden und soll einen Abriss an möglichen Sprachvarianten im Salonalltag vermitteln – sei es bei der Arbeit, auf einem Kreuzfahrtschiff oder im englischsprachigen Ausland. Darüber hinaus gibt es auch hierzulande immer mehr internationale Kunden, die auf Englisch nach einem Termin fragen bzw. beraten werden wollen. Hier setzt „Englisch für Friseure" an.

Die englische Sprache ist ein Türöffner für ein internationales Miteinander. Und dieses Buch soll auf leichtverständliche Weise dabei helfen, den eigenen Horizont etwas zu erweitern. Es geht eher darum das Eis zu brechen und dem Kunden das gute Gefühl zu geben richtig aufgehoben zu sein.

Ich habe auf diese Weise sehr viele nette und interessante Menschen auf meinem Weg kennengelernt. Einige als Kunden, einige auf Reisen. Aus vielen dieser Begegnungen wurden Freundschaften.
Wir sollten Sprache und Kommunikation als Chance sehen, die Vielseitigkeit unseres Seins zu erkunden. Es geht nicht so sehr um Perfektion einer Fremdsprache, eher um das Kommunizieren als solches.

## *Was Lilly & Tom bei der Begrüßung der Kunden sagen*

*Kundenempfang (Konversation, Gegenstände, Tipps)*

Lilly greets Jim at the salon entrance. Jim is a regular customer and has an appointment with Tom today. Lilly greets Jim.

*Lilly begrüßt Jim am Saloneingang. Jim ist ein Stammkunde und hat heute einen Termin bei Tom. Lilly heißt ihn willkommen.*

### Lillys Tipp-Box

**Praxistipp**

Andere Länder, andere Sitten:

*Während wir Deutschen gerne Hände schütteln, mag der Engländer es eher etwas weniger nah. Bei einer ersten Begegnung kommt es auch schon mal zum Händeschütteln, aber grundsätzlich sagt man z.B. einfach: „How do you do? / Nice to meet you." Recht schnell wird man dagegen mit Vornamen angesprochen. In den USA gilt schon eher das „shake-hands-Prinzip" wie bei uns.*
*Die Australier sind allgemein sehr locker. Handschlag kann, muss aber nicht. Meist nur „G'day" (good day), „how is it going?" ein bisschen so wie im Norden Deutschlands: „Moin, wie geht's?"*
*Wenn ihr euch nicht ganz sicher seid, dann ist etwas Zurückhaltung besser. Freundlichkeit ist allerdings überall gerne gesehen.*

<u>*1. dialogue / conversation skills*</u>

a) Hello Jim. How are you today?

b) Hi Lilly. I'm good thanks. How are you?

a) Fine thanks. What can I do for you today?

b) I have an appointment with Tom.

a) Okay, please take a seat in the waiting area. Would you like something to drink?

b) Oh yes please. That would be nice.

a) We have coffee or tea and several soft drinks.

b) Black coffee would be nice.

a) Okay Jim. Tom will be with you in a minute.

In diesem Beispiel sind einige einfache, aber typische Redewendungen dargestellt. Dennoch gibt es für viele auch andere Varianten. Nachdem zweiten Beispiel auf der folgenden Seite werde ich euch noch einige zusätzliche Redewendungen vorstellen.

## *1. Dialog / Deutsch*

*a) Hallo Jim, wie geht es dir heute?*

*b) Hi Lilly, mir geht's gut. Und dir?*

*a) Danke, gut! Was kann ich heute für dich tun?*

*b) Ich habe einen Termin bei Tom.*

*a) Okay, dann setz dich bitte einen Moment in den Wartebereich. Möchtest du etwas trinken?*

*b) Oh ja, bitte, sehr gerne.*

*a) Wir haben Kaffee, Tee und einige Softdrinks.*

*b) Schwarzer Kaffee wäre nett.*

*a) Okay, Jim, Tom ist dann gleich bei dir!*

2. dialogue / conversation skills

a) Hi Bob, it's good to see you, how are you doing?

b) Hi! Good, thanks Tom.

a) You're here today for a 10 o'clock appointment with Lilly, right?

b) Yep.

a) Okay Bob, we have a little bit of a problem. She's running about 30 minutes behind. I don't know how this will affect your day. Would you like us to reschedule or do you think it'll work?

b) Oh, I think I can make that work.

a) Great! Then have a seat. Lilly will be with you as soon as she can. Can I bring you something to drink?

b) Thanks, I'm fine.

### *2. Dialog / Deutsch*

*a) Hi Bob, schön, dich zu sehen. Wie geht's?*

*b) Mir geht's gut! Danke,Tom.*

*a) Du hast heute einen 10-Uhr-Termin bei Lilly, oder?*

*b) Ja.*

*a) Wir haben da ein kleines Problem. Lilly hat einen Zeitverzug von etwa 30 Minuten. Passt das trotzdem in deine Tagesplanung, oder sollen wir nach einem Ausweichtermin schauen?*

*b) Das passt schon, danke.*

*a) Super, dann nimm bitte noch einen Augenblick Platz. Lilly ist dann so bald sie kann bei dir. Darf ich dir etwas zu trinken bringen?*

*b) Nein, danke.*

## Common phrases / Redewendungen

*Greet / Begrüßen*

How are you? – Wie geht es dir?
How are you doing? – Wie läuft es so? / Wie geht es dir?
How do you do? – Wie geht's? oder (förmlich): Guten Tag!

*(„How do you do" ist eigentlich keine Frage, sondern eher eine förmliche Begrüßung, auf die man in der Regel mit „Nice to meet you" antwortet.)*

*Beispiel: How do you do? Nice to meet you. Nice to meet you too. / Guten Tag! Freut mich, Sie kennenzulernen. Ebenso.*

How are things going? – Wie läuft's so? / Wie geht's?
How are things? – Wie geht's?
Good to see you (again). – Schön, dich zu sehen.
Nice to meet you. – Freut mich, dich kennenzulernen.

*Responses / Antworten*

I'm well, and you? – Mir geht es gut und dir?
I'm fine, and you? – Mir geht es gut und dir ?
Fine thanks. And you ? – Danke, gut und dir?
I'm good, and you? – Mir geht es gut und dir? (Umgangssprachlich)

*Asking / Nachfragen*

What can I do for you? – Was kann ich für Sie tun?
How can I help you? – Wie kann ich Ihnen helfen?
How can I assist you? – Wie kann ich Ihnen behilflich sein?

## Common phrases / Redewendungen

*Offer a seat / eine Sitzgelegenheit anbieten*
Have a seat. – Bitte nehmen Sie Platz.
Please take a seat. – Bitte nehmen Sie Platz.
Sit down, please. – Setzen Sie sich bitte.
Please be seated. – Bitte nehmen Sie Platz.

*Offering something / etwas anbieten*
May I offer you something to drink? – Darf ich Ihnen etwas zu trinken anbieten?
Can I get you some coffee or anything else? – Darf ich dir einen Kaffee oder etwas anderes anbieten?
Would you like something to drink? – Möchten Sie etwas trinken?
Would you like some coffee? – Möchtest du Kaffee?
Can I get you something to drink? – Kann ich Ihnen etwas zu trinken bringen?
Can I get you some...? – Darf ich dir...bringen ?

*Informal offering / informelles Anbieten:* Wenn ihr jemanden besonders gut kennt, könnt ihr auch eine informelle Variante wählen.
How about some...? – Wie wäre es mit...?
What about some...? – Was ist mit einem...?
Are you up for some...? – Hast du Lust auf...?

## Common phrases / Redewendungen

*Accepting offers / Angebote annehmen*

Thank you. – Dankeschön.

That would be nice, thank you. – Das wäre sehr nett, danke.

I'd love to. Thanks for asking. – Sehr gerne, danke der Nachfrage.

I'd like a cup of tea. – Ich hätte gerne eine Tasse Tee.

*Politely refusing offers / freundliches Ablehnen*

Thank you but … – Danke, aber …

That's very kind. Unfortunately, I … – Das ist sehr freundlich. Leider …

I'd like to but … – Ich würde gerne, aber …

*Being there / da sein*

I'll be right there. – Ich bin gleich da.

I'll be there in a second. – Ich bin in einer Sekunde da.

I'll be right back. – Ich bin gleich wieder da.

I'll be right with you. – Ich bin gleich bei ihnen.

## Greeting a customer

### Vokabular

Hier gibt es einige häufig verwendete Vokabeln sowie Gegenstände, die es im Empfangsbereich gibt.

- entrance / Eingang
- reception desk / Empfangstresen
- reception counter / Empfangstresen
- to greet / empfangen

## Greeting a customer

### Vokabular

*Wichtige Wörter aus dem Textmaterial .*

- to greet / begrüßen
- to meet / treffen / kennenlernen
- to welcome / willkommen heißen
- to schedule / planen
- to reschedule / umplanen
- to offer / anbieten
- to shake hands / jdm. die Hand geben
- appointment / Termin
- customer / Kunde
- client / Kunde
- hairdresser / Friseur
- employee / Angestellter
- co-worker / Kollege
- colleague / Kollege
- employer / Arbeitgeber
- owner / Inhaber
- staff / Belegschaft
- waiting area / Wartebereich
- coat rack / Garderobe

*Um sich Vokabeln schnell und effektiv zu merken, kann man sich gut einer „Mind-Map“ bedienen. In diesem Beispiel geht es um das Begrüßen des Kunden. Von dort aus entwickeln sich unterschiedliche Themenzweige, die wiederum durch Farbgrüppchen ihren Bereich kennzeichnen.*

## Mindmapping

*Die „Mind Map" könnt ihr natürlich beliebig erweitern und dabei eurer Kreativität freien Lauf lassen. Bilder oder Collagen sind oft noch effektiver, da der Lerngegenstand mit einem Bild verknüpft und so vom Gehirn besser aufgenommen wird.*

Tony Buzan gilt als Pionier des Mindmappings. Die Mind-Map-Methode beruht auf wissenschaftlichen Erkenntnissen, die davon ausgehen, dass man durch kreatives Einbringen von Farben und Bildern das Zusammenspiel von linker und rechter Hirnhemisphäre aktiviert.
Während man normalerweise Lernprozesse eher der linken Hirnhälfte zuspricht, also dem analytischen und sprachlichen Bereich unseres Gehirns, so wirkt das Einbringen der bildlich-kreativen rechten Seite wie eine Art Anker.
Das Synchronisieren beider Hirnhälften ist somit eine sehr effektive Weise, sich Dinge zu merken und zu lernen.

# Wie Tom & Lilly ihre Kunden beraten

## Kundenberatung (Konversation, Gegenstände, Tipps)

Tom shows his customer Petra which hair length he thinks would suit her best.

*Tom zeigt seiner Kundin Petra, welche Haarlänge er für sie passend findet.*

### Lillys Tipp-Box

**Praxistipp**

Ein grenzübergreifender Tipp:

*Egal woher und egal wie alt, Kunden wollen ernst genommen werden. Wo auch immer ihr gerade auf der Welt arbeitet, der Weg zu einer guten, erfolgreichen Beratung ist fast überall derselbe. Fragt als Erstes nach den Bedürfnissen und Wünschen der Kunden. Hört ihnen aufmerksam zu und wiederholt, was sie gesagt haben, um so zu zeigen, dass ihr sie auch wirklich verstanden habt.*

***1. dialogue / conversation skills***

a) Hi Petra! My name's Tom. Is this your first visit to our salon?

b) Hi! Yes, it is. A friend of mine recommended it to me.

a) Oh that's good to hear! May I ask who recommended us?

b) Actually, my colleague Tina Reed told me about you.

a) Ah, Tina! So are you an accountant too?

b) No, I work in public relations.

a) Oh, OK. So you certainly have a lot of business meetings to attend.

b) Yeah, that's true.

a) Well Petra, to get started, it would be great to hear what you want to have done with your hair.

b) Well, I could imagine having something changed, not too edgy but something with more movement and more texture.

a) Okay, texture and movement are the main goal. So tell me, what do you do with your hair on a day-to-day basis?

b) I usually wear it down straight, sometimes I let it go natural since it is naturally wavy which I also like for some occasions. And sometimes I just put it up.

a) So you're looking for some flexibility in your style. Okay Petra, so tell me something that you've had done that you really didn't like about your last haircuts.

b) Well, my hair is really thick in the back and they didn't listen to me and just thinned it out so that my hair puffed out afterwards. I was really unhappy.

a) Okay, I understand. So tell me something you absolutely loved about your last haircuts.

b) I really love face framing layers. I think it's more flattering for my face shape.

Okay, did you have something in mind?

b) I'm not sure! What would you recommend, Tom?

a) First I need to know whether maintaining your length is a priority for you.

b) It's nice to have some length for an updo when I go to the gym.

a) Okay Petra, since you're really experienced with styling tools, I think we should go for some layers on the upper part, creating a soft fade in. That would automatically take out some volume in the back area. I would keep the choppy frame part, it definitely suits you.
I'll do some dusting on the ends and texturize them a little to achieve more movement.
What do you think?

b) Sounds good to me!

a) Here's some styling advice: If you have a choppy or texturized haircut and still want to have movement, you should go for a spray wax instead of a firm hold hairspray.

b) Ah, good to know!

a) I'll show you how to use it and how to style it when I do the finish. Let's go over to the shampooing area to get started.

***Dialog / Deutsch***

*a) Hi Petra! Ich bin Tom. Bist du zum ersten Mal bei uns im Salon?*

*b) Hi Tom, ja, bin ich. Eine Freundin hat euch empfohlen.*

*a) Oh, das ist schön. Darf ich fragen, wer uns empfohlen hat?*

*b) Ja, klar. Meine Kollegin Tina Reed hat mir den Tipp gegeben.*

*a) Ah, Tina! Also bist du auch Buchhalterin?*

*b) Nein, ich arbeite in der PR-Abteilung.*

*a) Dann hast du bestimmt viele Businesstreffen, an denen du teilnehmen musst.*

*b) Allerdings.*

*a) Bevor wir starten, wäre es gut zu wissen, was du dir vorstellst.*

*b) Ich würde gerne etwas verändern, nicht zu ausgefallen, aber etwas mit mehr Bewegung und Struktur.*

*a) Okay, Struktur und Bewegung ist das Hauptziel. Dann erzähl mir mal, was du normalerweise so täglich mit deinen Haaren machst.*

*b) Normalerweise trage ich es einfach glatt herunter, manchmal lasse ich sie lufttrocknen. Dann sind sie etwas wellig, was ich hin und wieder auch mag. Manchmal stecke ich sie einfach hoch.*

*a) Also suchst du nach einem flexiblen Stil. Erzähl mir doch mal bitte, welche Haarschnitte du in der Vergangenheit überhaupt nicht mochtest.*

*b) Meine Haare sind am Hinterkopf sehr dicht und dick. Oft wurde es einfach ausgedünnt und dann standen die Haare erst recht ab. Damit war ich ziemlich unglücklich.*

***Dialog / Deutsch***

*a) Das kann ich gut verstehen. Erzähl mir mal, was dir an deinem letzten Haarschnitt gut gefallen hat.*

*b) Ich mochte immer sehr gerne Graduierungen, die das Gesicht umrahmen. Ich glaube, das schmeichelt mir.*

*a) Okay, was stellst du dir denn genau vor?*

*b) Ich bin mir nicht sicher. Was würdest du empfehlen?*

*a) Erst mal müsste ich noch wissen, ob du deine Haarlänge unbedingt behalten möchtest.*

*b) Es wäre schön, wenn ich eine Länge hätte, die ich noch hochstecken kann, wenn ich zum Sport gehe.*

*a) Alles klar. Da du ja Erfahrung mit Stylingwerkzeugen hast, denke ich, wir sollten ein paar leichte Stufungen am Oberkopf machen, um weiche Übergänge zu schaffen. Das würde auch gleichzeitig etwas Volumen am Hinterkopf herausnehmen. Den fransigen Vorderpart behalten wir, der steht dir wirklich gut. Dann schneide ich die Spitzen und gebe etwas Struktur in den Haarschnitt, um mehr Bewegung zu bekommen. Was meinst du?*

*b) Klingt gut.*

*a) Und ich habe noch einen Styling-Tipp für dich: Wenn du einen fransigen, strukturreichen Haarschnitt hast und viel Bewegung haben möchtest, solltest du statt Haarspray lieber ein Spray-Wax nehmen.*

*b) Gut zu wissen.*

*a) Ich zeige dir, wie man es benutzt, wenn ich nachher deine Frisur style. Also, dann lass uns rüber zum Waschplatz gehen und beginnen.*

## Number 1 Questions

*Egal, welches Alter eure Kunden haben, hier sind 10 Fragen, die ihr immer während einer Beratung stellen solltet:*

1. What is your daily hair ritual?
2. Do you have experience styling your own hair?
3. What do you like about your hair?
4. What don't you like about your hair?
5. What type of work do you do?
6. What have you had done to your hair in the past that you liked?
7. What have you had done to your hair in the past that you didn't like?
8. Is coloring your hair an option?
9. Is maintaining your length a priority?
10. Is it important for you to have a flexible hairstyle?

## Number 1 Questions

*Egal, welches Alter eure Kunden haben, hier sind 10 Fragen die ihr immer während einer Beratung stellen solltet:*

1. Wie sieht dein tägliches Haarritual aus?
2. Hast du Erfahrung mit dem Stylen deiner Haare?
3. Was magst du an deinen Haaren?
4. Was magst du nicht an deinen Haaren?
5. Was machst du beruflich?
6. Was wurde in der Vergangenheit mit deinen Haaren gemacht, das du mochtest?
7. Was wurde in der Vergangenheit mit deinen Haaren gemacht, das du nicht mochtest?
8. Kommt Färben für dich infrage?
9. Ist es für dich wichtig, die Haarlänge zu behalten?
10. Ist es wichtig für dich, einen flexiblen Haarschnitt zu haben?

# Consultation

## Vokabular

*Wichtige Wörter aus dem Textmaterial*

- length / Haarlängen
- suits her best / ihr am besten stehen
- to recommend / empfehlen
- recommendation / Empfehlung
- tip / Tipp
- to get started / loslegen
- to achieve / erreichen
- edgy / trending
- movement / Bewegung
- texture / Struktur
- main goal / Hauptziel
- to wear / tragen
- straight / gerade
- occasion / Gelegenheit
- flexibility / Flexibilität
- to dislike / nicht mögen
- thick / dick
- to thin out / ausdünnen
- to tend / neigen / tendieren

## Consultation

### Vokabular

*Wichtige Wörter aus dem Textmaterial*

- to puff out / aufbauschen
- face framing layers / Stufung, die das Gesicht einrahmt
- flattering / schmeichelnd
- maintaining / beibehalten
- priority / vorrangig
- updo / Hochsteckfrisur
- styling tools / Stylingwerkzeuge
- layers / Stufen
- to blend / verschmelzen
- to take out some volume / Volumen herausnehmen
- choppy / fransig
- to look good / etwas steht jemanden gut
- dusting / hier: Spitzen schneiden
- advice / Ratschläge
- spray wax / Sprühwachs

## *Was Lilly bei der Haarwäsche sagt und was sie braucht*

*Haarwäsche (Konversation, Gegenstände, Tipps)*

Lilly shampoos Helena's hair. They know each other well because Helena is a regular customer.

*Lilly wäscht Helena die Haare. Die beiden kennen sich gut, da Helena eine Stammkundin ist.*

### Lillys Tipp-Box

**Praxistipp**

Andere Länder, andere Sitten!

*Speziell bei der Haarwäsche kann dies zu unangenehmen Missverständnissen führen. Nicht überall wird der Fokus auf eine tolle Kopfmassage gelegt und woanders sogar um so mehr.*
*Speziell in Metropolen wie London oder New York leben Menschen aus den verschiedensten Kulturkreisen. Das verlangt schon vor der Kopfmassage etwas Fingerspitzengefühl!*
*In der Beratung solltet ihr deshalb höflich fragen, wie das Haar gewaschen werden soll.*

***dialogue / conversation skills***

a) Is the water temperature okay for you, Helena?

b) Yes it is. You know I like it pretty warm, and the scalp massage is definitely my favorite part when I get my hair done.

a) Then relax and enjoy! I'll give you a special hair treatment at no extra charge today.

b) Oh that's nice!

a) That's a nice fragrance isn't it?

b) WOW! That's gorgeous. Can you show me the product later? A bit of extra care for my hair at home wouldn't be such a bad idea.

a) Yeah for sure. I'll tell you about all the benefits of the treatment later. Since the summer was quite sunny, it would be a good idea to apply some extra care with a rich treatment product that penetrates deeply into the hair shaft. Your hair will look shinier afterwards.

b) That sounds good.

***Dialog / Deutsch***

*a) Ist die Wassertemperatur in Ordnung, Helena?*

*b) Ja, ist sie. Du weißt ja, dass ich es sehr warm mag, und die Kopfmassage ist mein Lieblingspart, wenn ich beim Friseur bin.*

*a) Dann entspann dich und genieß es! Ich werde dir heute noch eine Kur auftragen. Die geht aufs Haus.*

*b) Oh, das ist nett, Lilly.*

*a) Das ist ein tolle Geruchsrichtung, oder?*

*b) Wow, ja, großartig! Würdest du mir das Produkt später mal zeigen? Ich denke etwas extra Pflege für zu Hause wäre nicht schlecht, oder was meinst du?*

*a) Klar, ich erkläre dir später die Vorteile der Kur ganz genau. Da der Sommer ja so super sonnig war, ist es nicht verkehrt, ein reichhaltiges Pflegeprodukt zu benutzen, eins, das tief in den Haarschaft eindringt. Deine Haare sehen hinterher glänzender aus.*

*b) Das klingt doch vielversprechend.*

## *Shampooing Guide*

Guide your guest to a comfortable seated position at the sink. Use for example a paddle brush or detangler brush to get an even base for the massage.
Place a warm dry towel lengthwise behind the guest's neck and gently lay their head into the bowl.
Begin by wetting their hair. Take your time and let your guest experience the full indulgence of the warm water.
Dispense the shampoo of your choice into the palm of your hand and rub it together with both hands. Apply the shampoo to the guest's hair. Work it into a full rich lather. Begin at the hairline area and massage in little circles using your thumbs or fingertips. Next, massage from the outside toward the center while applying slight pressure.
Move to the nape area, place your hand at their nape and slowly massage from the hairline at their nape downwards.
Using your fingers as a comb, massage from the hairline of the nape in an upward direction.
Rinse the shampoo clean from the hair and remove excess water by gently wringing the hair with your hands.
Place conditioner in the palm of your hand and add to the guest's hair. Repeat the massage.
The conditioner penetrates into the hair shaft and restores a natural pH value.
Next rinse the conditioner clean from the hair and remove all excess water using a towel.
Have your guest sit in an upright position and then guide them to their hairdresser's chair.

## *Shampooing Guide / Deutsch*

Setz deinen Kunden aufrecht und bequem an das Waschbecken.
Benutze zum Beispiel eine breite Bürste oder Detangler Brush, um eine gleichmäßige Basis für die Kopfmassage zu haben.
Lege ein vorzugsweise warmes, trockenes Handtuch längs über den Nacken des Kunden und lege Kopf des Kunden behutsam zurück in das Becken.
Nun fange an, das Haar zu befeuchten und lass dir etwas Zeit, so dass der Kunde das warme Wasser genießen kann.
Bringe Shampoo deiner Wahl auf deiner Handfläche auf und verreibe es zwischen deinen Händen.
Arbeite das Shampoo in das Haar des Kunden ein, so dass es richtig aufschäumt.
Beginne am vorderen Haaransatz und massiere in kleinen Kreisen mit den Fingern oder Daumen.
Dann massiere mit leichtem, aber spürbarem Druck von außen zur Mitte.
Nun lege deine Hand an den Nacken und massiere am Nacken runter.
Benutze deine Finger als Kamm und massiere vom Haaransatz im Nacken nach oben.
Jetzt spülst du das Shampoo ordentlich aus und wringst das überschüssige Wasser mit den Händen aus.
Gebe anschließend den Conditioner auf deine Hand und arbeite ihn in das Haar des Kunden ein. Wiederhole die Massage.
Der Conditioner dringt in den Haarschaft ein und stellt einen natürlichen pH-Wert wieder her.
Nun spüle den Condiditioner aus und benutze ein Handtuch, um das überschüssige Wasser zu entfernen. Setz deinen Kunden auf und begleite ihn zum Schneiden zum Friseurstuhl.

# Rund um das Waschbecken

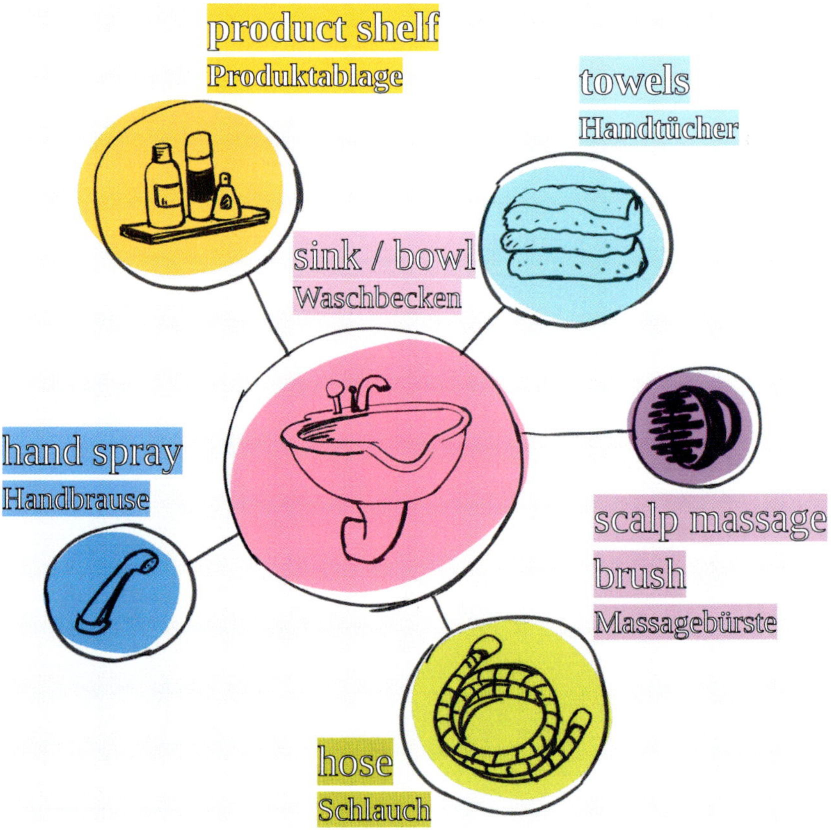

# Shampooing

## Vokabular

*Wichtige Wörter aus dem Textmaterial und extra Vokabular*

- shampooing / Haarwäsche
- regular customer / Stammkunde
- temperature / Temperatur
- pretty warm / recht warm
- scalp massage / Kopfhautmassage
- favorite / Lieblings...
- to get your hair done / die Haare gemacht bekommen
- enjoy / genießen
- hair treatment / Haarbehandlung
- at no extra charge / ohne Aufpreis
- fragrance / Duft
- gorgeous / herrlich
- extra care / zusätzliche Pflege
- benefits / Vorteile
- to apply / anwenden
- penetrates deeply / tief eindringen
- hair shaft / Haarschaft

## Shampooing

### Vokabular

*Wichtige Wörter aus dem Textmaterial und extra Vokabular*

- to guide / führen
- comfortable / bequem
- paddle brush / breite Bürste
- to detangle / entwirren
- to place / legen
- lengthwise / längs
- neck / Hals
- bowl / Becken
- to wet / anfeuchten
- experience / erleben
- to dispense / verteilen
- choice / Wahl, Auswahl
- palm / Handfläche
- to rub / reiben
- to work in / einarbeiten
- rich lather / reichlich Schaum
- circles / Kreise

# Shampooing

## Vokabular

*Wichtige Wörter aus dem Textmaterial und extra Vokabular*

- thumbs / Daumen
- fingertips / Fingerspitzen
- toward / in Richtung
- nape / Nacken
- pressure / Druck
- downwards / nach unten
- comb / Kamm
- upwards / nach oben
- direction / Richtung
- rinse / spülen, ausspülen
- remove / entfernen
- excess / Überschuss
- to wring / auswringen
- conditioner / Haarkur
- to add / dazugeben
- restore / wiederherstellen
- upright position / aufrechte Position
- hairdresser's chair / Friseurstuhl

*Was Lilly beim Haareschneiden sagt und was sie braucht.*

*Haareschneiden, Föhnen (Konversation, Gegenstände, Tipps)*

Lilly cuts Jenny's Hair. They decide to go from long to short.

*Lilly schneidet Jennys Haare. Sie haben beschlossen, die langen Haare kurz zu schneiden.*

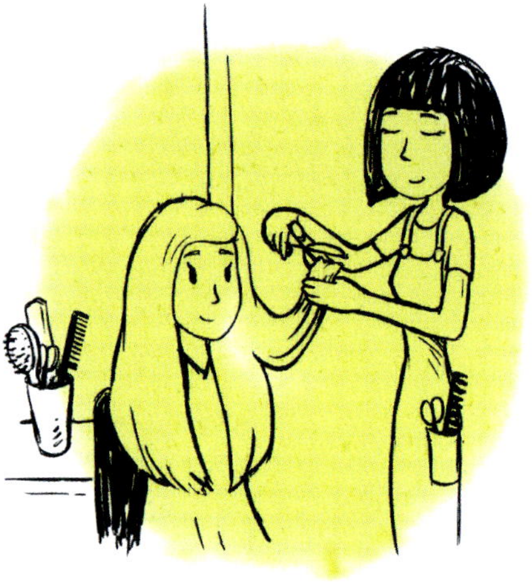

## What Lilly uses and does while she cuts Jenny's hair

Lilly uses her scissors to cut Jenny's hair. She also needs a comb and hair clips. But before she gets started, Lilly puts a hair cutting cape over Jenny's blouse to protect her from the cut hair. Lilly uses a spray bottle with water to moisten Jenny's hair from time to time to keep it damp. Lilly divides Jenny's hair into different sections. She starts by cutting in the back at the nape and works upwards to the crown. Then she connects both sides with the back side, beginning at the hairline and working towards the top. Then she cuts the fringe and afterwards starts layering all of the hair to get more motion into the look.

*Deutsch*

**Was Lilly benutzt und macht, während sie Jennys Haare schneidet**

Lilly benutzt ihre Haarschneidescheren. Sie braucht außerdem einen Kamm und einige Haarclips. Doch bevor sie anfängt, muss Lilly Jenny einen Frisierumhang umhängen, damit sie von den Schnitthaaren geschützt ist.

Von Zeit zu Zeit benutzt sie eine Wassersprühflasche, so bleiben die Haare feucht. Lilly teilt die Haare in unterschiedliche Sektionen ab und beginnt im Nackenbereich mit dem Schneiden und arbeitet sich bis zum Oberkopfwirbel vor.

Dann verbindet sie beide Seiten mit dem hinteren Bereich. Sie beginnt an der unteren Haarlinie und arbeitet sich von dort aus hoch. Nun schneidet sie den Pony und stuft anschließend den ganzen Haarschnitt durch, um mehr Bewegung zu erhalten.

*__dialogue / conversation skills__*

a) So Jenny, I'm going to put the cutting gown on you, alright?

b) Sure, but not too tight!

a) Does this work for you?

b) Yes, that's fine.

a) Could you tilt your head a little, please?

b) Sure.

a) I think the short bob will look awesome on you. You have the perfect head shape for it and not too many cowlicks.

a) Is it okay for you if your lobe shows a little?

b) That's fine. Go for it!

a) We're almost done. How would you like me to blow dry and style your hair?

b) Oh, I think you already have something in mind. Feel free to do what you want. I like the haircut already, even though my hair is still damp.

a) OK, I'll apply some hot tool protecting spray and some root lotion to add some volume. Then I'll blow dry your hair straight with some bounce at the roots and then straighten it with an iron to get an even smoother surface. Does that sound good to you?

b) Sounds perfect!

***Dialog / Deutsch***

*a) So Jenny, ich lege dir jetzt den Schneideumhang um, okay?*

*b) Na klar, nur nicht zu fest am Hals, bitte!*

*a) Ist das in Ordnung so?*

*b) Ja, das ist gut so.*

*a) Könntest du bitte deinen Kopf etwas neigen?*

*b) Klar.*

*a) Ich denke, der kurze Bob wird dir sehr gut stehen. Du hast die perfekte Kopfform dafür und sehr wenige Haarwirbel. Wäre es in Ordnung, wenn man dein Ohrläppchen etwas sieht?*

*b) Das ist völlig okay.*

*a) Wir sind fast fertig. Wie soll ich deine Haare dann föhnen und stylen?*

*b) Ich denke, du hast schon ein Bild im Kopf. Mach es gerne so, wie du meinst. Ich finde es schon im nassen Zustand sehr gut.*

*a) Ich werde ein Hitzeschutzspray und einen Ansatzfestiger auftragen, um etwas Volumen zu bekommen. Dann werde ich die Haare glatt föhnen mit etwas Standkraft an den Ansätzen, und zum Schluss benutze ich ein Glätteisen für eine noch glattere Oberfläche. Wie klingt das?*

*b) Das wird super!*

# Rund um den Schneideplatz

## Cut and blow dry

### Vokabular

*Wichtige Wörter aus dem Textmaterial*

- to cut / schneiden
- to decide / sich entscheiden
- scissors / Scheren
- hair clips / Abteiler, Clips
- hair cutting cape / Schneideumhang
- spray bottle / Wassersprühflasche
- to moisten / befeuchten
- damp / feucht
- to divide / teilen
- section / Abteilung
- to connect / verbinden
- back side / Hinterseite
- hairline / Haarwuchsgrenze
- fringe (bangs) / Pony
- to layer / stufen
- hairdo / Frisur
- motion / Bewegung
- to sit up straight / stramm sitzen
- work / gehen, funktionieren

## Shampooing

### Vokabular

*Wichtige Wörter aus dem Textmaterial*

- to tilt / neigen
- short bob / kurzer Bob
- awesome / großartig
- head shape (shape of the head) / Kopfform
- cowlick / Haarwirbel
- lobe / Ohrläppchen
- go for it / los geht's (mach mal)
- to be done / fertig sein
- blow dry / föhnen
- to style / stylen
- to have in mind / im Sinn haben
- to feel free to do sth. / nicht zögern, etwas zu tun
- to apply / auftragen / anwenden
- hot tools / Föhn, Glätteisen, Lockenstäbe etc.
- protecting spray / Schutzspray
- root lotion / Ansatzfestiger
- straight / gerade, glatt
- bounce / federn, hier: Volumen bekommen
- to straighten / glätten
- iron (flat iron) / Glätteisen
- smooth surface / glatte Oberfläche

## *Was Tom beim Heerenhaarschnitt sagt und was er benutzt*

*Haareschneiden , Barttrimmen (Konversation, Gegenstände,Tipps)*

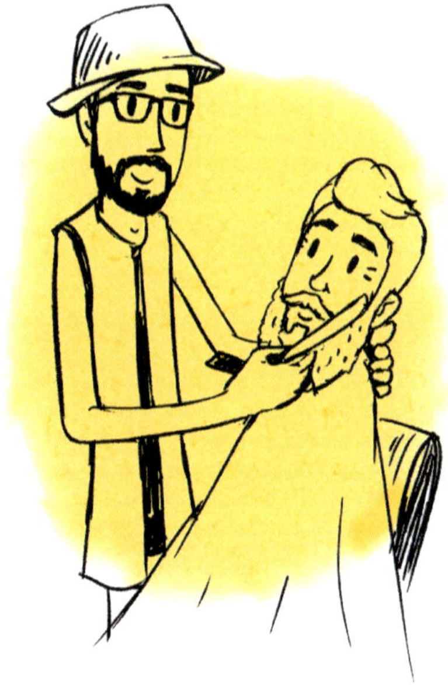

Tom trims Felix's beard and gives him a classic men's haircut from the 20s.

*Tom kürzt Felix's Bart und schneidet seine Haare im klassischen Stil der 20er Jahre.*

**Toms Tipp-Box**

**Praxistipp**

*In Deutschland gibt es seit einigen Jahren eine Renaissance der Barber-Kultur; in England und den USA war der Barber nie von der Bildfläche verschwunden.*
*Wer nun mit Kunden aus dem englischsprachigen Raum zu tun hat, sollte wissen, dass diejenigen, die oft zum Barber gehen, ihre Haarlängen für gewöhnlich mit der Nummer der Maschinenaufsätze benennen. Hier ist Vorsicht geboten, da die meisten Barber mit Rasierer der Firmen: WAHL, ANDIS, OSTER arbeiten, und die sogenannten guide combs (Aufsätze) nummeriert sind. Wenn also ein Kunde von z.B. Nr. 3 redet , meint er meistens nicht 3 mm oder 3 cm.Die Nummern auf den Aufsätzen sind von Hersteller zu Hersteller unterschiedlich.*
*Ihr solltet daher immer nach mm-Angaben fragen und dann den passenden Aufsatz wählen. Am Ende des Kapitels gibt es noch eine Übersicht der unterschiedlichen Maschinenaufsätze.*

**What Tom uses and does while he barbers and cuts Felix's hair.**

Tom uses clippers to cut and trim the beard and the short parts of the haircut.

He uses different attachments (guide combs) for different lengths. He uses a razor to line the beard and the lines of the haircut so they look clean and defined. He thins out the top part of the hair using thinning scissors to get a more flexible hair structure.

For styling, he applies some pomade to get a nice shiny look. The pomade provides stability and also enables him to mold the hair in whatever direction he wants.

**Was Tom beim Rasieren und Haareschneiden von Felix macht und benutzt.**

Tom benutzt eine Haarschneidemaschine für den Bart und die kurzen Parts des Haarschnitts.

Er verwendet unterschiedlich große Maschinenaufsätze, um unterschiedliche Längen zu erhalten.

Für saubere, definierte Konturen von Bart und Haarschnitt benutzt Tom ein Rasiermesser. Den Oberkopfbereich dünnt Tom mit einer Effilierschere aus. Pomade sorgt beim Styling für Glanz im Haar. Außerdem gibt sie Festigkeit und ermöglicht ihm, das Haar nach seinen Vorstellungen zu formen.

*dialogue / conversation skills*

a) Hi I'm Tom. May I help you ?

b) Hi Tom, I'm Felix. I'd like to change the shape of my beard and I definitely need a new hair cut. I'd love to have a classic hipster look, but I want to keep my beard.

a) That's a nice combination. How short do you want me to go on the sides and in the neck area?

b) I used to have a number 2.

a) Clipper guard size number 2 or millimeters?

b) Oh sorry, I think the barber used these Wahl attachments.

a) Okay, then it's about 3 millimeters.

b) But anyway, do whatever you think is best.

a) I would start pretty short with 1 millimeter at the hairline, then fade smooth into the top area. But I'll keep a long section in the front area to create a quiff. What do you think?

b) Sounds good!

a) The beard will be pretty short on the sides but you'll still have a full beard.

b) Great!

***Dialog / Deutsch***

*a) Hi, ich bin Tom. Wie kann ich dir helfen?*

*b) Hi, Tom. Ich bin Felix. Ich würde gerne die Form von meinem Bart etwas ändern, und ich brauche auf alle Fälle einen neuen Haarschnitt. Ich hätte gerne einen klassischen Hipster-Look, nur mit langem Bart.*

*a) Das ist eine gute Kombi. Wie kurz soll ich denn die Seiten und den Hinterkopf schneiden?*

*b) Ich hatte immer eine Nummer – 2 Länge.*

*a) Du meinst einen 2er Aufsatz oder 2 Millimeter?*

*b) Oh, entschuldige. Ich denke, der Barber hat immer die Aufsätze von der Firma WAHL benutzt.*

*a) Okay, dann wären das ca. 3 Millimeter.*

*b) Ist aber auch egal. Mach einfach mal, wie du meinst.*

*a) Ich würde sehr kurz mit einem Millimeter an den Konturen beginnen und dann nach oben hin einen weichen Übergang schneiden. Vorne lasse ich dir einen längeren Part, um das als Tolle zu formen, in Ordnung?*

*b) Klingt gut.*

*a) Der Bart wäre relativ kurz an den Seiten, aber immer noch ein Vollbart.*

*b) Spitze!*

## Barber & Men's cut

Vokabular

*Wichtige Wörter aus dem Textmaterial*

- to trim / kürzen
- beard / Bart
- clipper / Schermaschine
- attachments or guide comb / Maschinenaufsätze
- different lengths / unterschiedliche Längen
- razor / Rasiermesser
- to thin out / ausdünnen
- thinning scissors / Effilierschere, Modelierschere
- to apply / anwenden, auftragen
- pomade / Pomade
- shiny / glänzend
- to mold / formen
- to change / ändern
- hipster / Hipster (20er Herrenmode)
- to use / benutzen
- pretty short or quite short / recht kurz
- to fade in (blend in) / einblenden (Übergang scheiden)
- quiff / Tolle
- full beard / Vollbart

# *Größentabelle für Maschinenaufsätze*

Hier gibt es eine Größenübersicht der Maschinenaufsätze der gängigsten Barber-Rasierer, die man am häufigsten im Ausland findet.

## OSTER Hair Clipper Sizes / Attachment combs

| Guide Comb | Size (inches) | Size (mm) ca. |
|---|---|---|
| 0 | 1/16 | 1,5 |
| 1 | 1/8 | 3 |
| 2 | 1/4 | 6 |
| 3 | 3/8 | 10 |
| 4 | 1/2 | 13 |
| 5 | 5/8 | 16 |
| 6 | 3/4 | 19 |
| 7 | 7/8 | 22 |
| 8 | 1 | 25 |
| 9 | 1.25 | 32 |

## WAHL Hair Clipper Sizes / Attachment combs

| | Size (inches) | Size (mm) ca. |
|---|---|---|
| 1/2 | 1/16 | 1,5 |
| 1 | 1/8 | 3 |
| 2 | 1/4 | 6 |
| 3 | 3/8 | 10 |
| 4 | 1/2 | 13 |
| 5 | 5/8 | 16 |
| 6 | 3/4 | 19 |
| 7 | 7/8 | 22 |
| 8 | 1 | 25 |

## ANDIS Hair Clipper Sizes / Attachment combs

| Guide Comb | Size (inches) | Size (mm) ca. |
|---|---|---|
| 0 | 1/14 | 1,8 |
| 1 | 1/8 | 3 |
| 2 | 1/4 | 6 |
| 3 | 3/8 | 10 |
| 4 | 1/2 | 13 |
| 5 | 3/4 | 19 |
| 6 | 1 | 25 |

## *Was Tom und Lilly beim Färben und Dauerwellen sagen und was sie alles dafür brauchen*

***Färben und Dauerwellen (Konversation, Gegenstände, Tipps)***

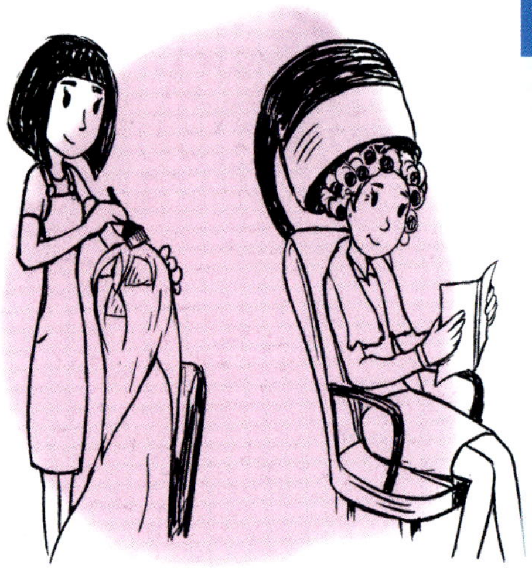

Lilly bleaches Tina's hair using a highlight technique with foils to separate each strand.

*Lilly blondiert Tinas Haare mit einer Strähnentechnik, bei der sie Folien benutzt, um die einzelnen Strähnen zu unterteilen.*

### Lillys Tipp-Box

**Praxistipp**

*Die deutsche Ausbildung ist sicher eine der besten, dennoch sollte man weder die Friseure noch die Barber im Ausland unterschätzen. In Deutschland lernt und arbeitet der Friseur meistens in allen Fachbereichen, was dann leider oft die Gefahr birgt, dass man von allem ein bisschen kann und immer wieder mit Unsicherheiten zu kämpfen hat.*
*In England und in den USA findet man in Salons immer wieder reine Coloristen /Stylisten usw. und eben auch reine Barber Shops, wo nur Heeren bedient werden. Das wiederum bedeutet, dass die Fachbereiche jeweils einen besonderen Fokus haben.*
*Es ist üblich, dass man sich spezialisiert, also beispielsweise nur färbt oder eben nur schneidet.*
*Ähnlich wie in der Küche eines Spitzenrestaurants, wo es einen Entremetier (Gemüsekoch) oder Patissier (zuständig für Nachspeisen) gibt und natürlich einen Koch für das Hauptmenü. Deshalb hat man es mit absoluten Profis zu tun, die wahre Meister ihres Fachs sind.*
*Beispiel einer Aufteilung im Salon:*
*Junior Stylist / Senior Stylist*
*Junior Colourist / Senior Colourist*
*Manchmal gibt es auch noch weitere leitende Angestellte:*
*Style Director / Principal Colourist / Art director usw.*

*dialogue / conversation skills*

a) Hi Tina, what can I do for you today?

b) Actually, I'd like to become blond again.

a) Blond always looked good on you, though I liked the copper shade on you too. When we change from copper to blond, a little bit of copper will remain anyway. I'd like to highlight the main parts on the top to achieve a blond look, but I also want to keep as much of your hair untouched to prevent it from further damage.

b) You're the pro.

a) You know Tina, the only way is to bleach your hair since it's been dyed before. But I'll do it as softly as possible.

b) Alright. Will the blond be even when you're done?

a) To be honest, I probably have to do some color correction afterwards to get an even result. A trim and proper care are also a good idea.

b) Okay, you're the boss.

***Dialog / Deutsch***

*a) Hi Tina, was kann ich heute für dich tun?*

*b) Ich würde sehr gerne wieder blond werden.*

*a) Blond stand dir immer sehr gut, dennoch mochte ich den Kupferton auch sehr gerne. Wenn wir von Kupfer auf Blond zurückgehen, bleibt ja eh etwas Kupfer übrig.*

*Ich werde dir also an den Hauptparts am Oberkopf blonde Strähnen setzen, um ein schönes Blond zu erreichen. Aber ich werde auch versuchen, so viele Haare wie möglich unberührt zu lassen, um sie nicht noch mehr zu schädigen.*

*b) Du bist der Profi!*

*a) Es gibt leider keine andere Chance, als das Haar zu blondieren, da es schon mal gefärbt wurde. Ich werde aber versuchen, es so soft wie möglich zu machen.*

*b) Das ist gut. Wird das Blond eigentlich hinterher gleichmäßig sein?*

*a) Ehrlich gesagt, werde ich wohl hinterher noch eine Farbkorrektur machen müssen, um ein gleichmäßiges Ergebnis zu bekommen.*

*Ein Spitzenschnitt und eine ordentliche Pflege wären auch nicht schlecht.*

*b) Okay, du bist der Chef!*

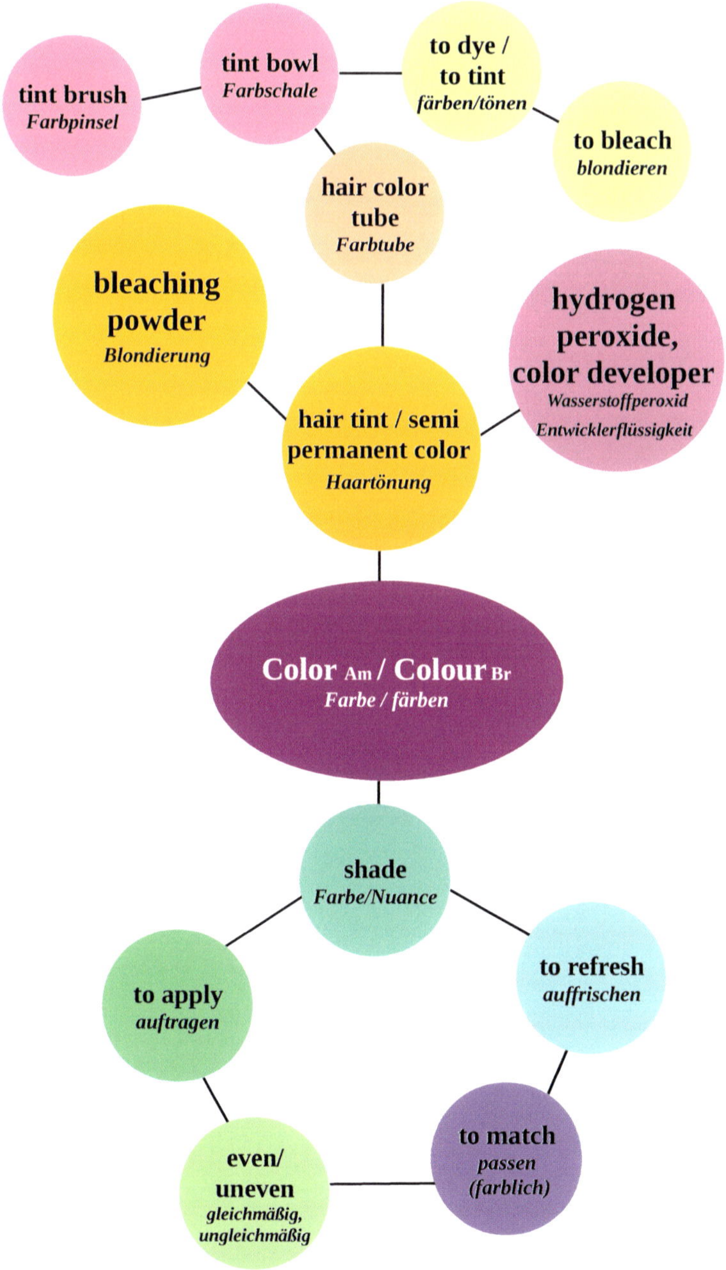
tint brush
Farbpinsel
tint bowl
Farbschale
to dye / to tint
färben/tönen
to bleach
blondieren
hair color tube
Farbtube
bleaching powder
Blondierung
hydrogen peroxide, color developer
Wasserstoffperoxid
Entwicklerflüssigkeit
hair tint / semi permanent color
Haartönung
Color Am / Colour Br
Farbe / färben
shade
Farbe/Nuance
to apply
auftragen
to refresh
auffrischen
even/ uneven
gleichmäßig, ungleichmäßig
to match
passen (farblich)

Today is perm day!
One of Lilly's oldest clients is Mrs. Cooper. She has an appointment for a classic perm every third month.
Even though it's rare to do perms in Lilly's Salon, she really enjoys the variety in her job as a hairdresser.

Heute ist Dauerwellentag!
Eine von Lillys ältesten Kundinnen ist Frau Cooper. Sie hat alle drei Monate einen Termin für eine klassische Dauerwelle. Auch wenn in Lillys Salon eher selten Dauerwellen gemacht werden, genießt sie eine solche Abwechslung in ihrem Berufsalltag als Friseurin.

*Einige Dinge, die ihr bei einer Dauerwelle benötigt:*

Set up your salon trolley to have all the things you need right next to you for the perm.
You will need:
- tail comb / Stielkamm
- hair clips / Abteiler
- water spray bottle / Wassersprühflasche
- end wraps & end papers / Spitzenpapier
- cotton wool / Watte
- cream (to protect the skin) / Creme
- perm rollers / perm curlers / Lockenwickler
- protective sticks / Lockenwicklerstäbchen
- protective gloves / Schutzhandschuhe
- perming solution and neutralizer / Dauerwellflüssigkeit und Fixierung
- chemical cape / Farbumhang
- towels / Handtücher

Hair types and their different perm solutions:
- resistant / festes, dickes Haar
- normal / normales Haar
- tinted / gefärbtes Haar
- bleached / blondiertes Haar
- over-porous hair / stark poröses Haar

*The time where the solution sets is called **processing time**. / Die Zeit, in der die Wellflüssigkeit einwirkt, heißt **Einwirkzeit**.*

## Dyeing & Perming

### Vokabular

*Wichtige Wörter aus dem Textmaterial*

- to bleach / blondieren
- to highlight hair / die Haare (heller) strähnen
- foils / Folie
- strands / Strähnen
- copper / Kupfer
- to prevent / vermeiden
- damage / Schaden, Beschädigung
- dyeing / Färben
- to dye / färben
- color correction / Farbausgleich
- even result / gleichmäßiges Ergebnis
- care / Pflege
- to achieve / erreichen
- to remain / übrig bleiben
- perm / Dauerwelle

***Weiteres Vokabular zur Dauerwelle auf der vorherigen Seite.***

## *Lilly kassiert und vergibt einen neuen Termin*

*Bezahlung / Terminvergabe (Konversation, Gegenstände, Tipps)*

Lilly takes payment for her service and makes a new appointment for Jenny.

*Lilly kassiert für ihre Dienstleistung und gibt Jenny einen neuen Termin.*

## Front desk

The front desk is usually the place where you arrange a new appointment with your customer, where you take payment for your service and where you answer the phone. The front desk is often the place where you sell products since this is usually the best place to display your product range. You can find a lot of things in this area that are not particularly related to hairdresser equipment. However, to feel confident when making appointments in a foreign language, it's vital to be familiar with your environment.

## Rezeption

Die Rezeption ist in der Regel der Platz, wo ihr neue Termine mit den Kunden vereinbart, wo ihr für eure Dienstleistung kassiert und wo ihr Telefongespräche entgegennehmt. Die Rezeption ist häufig auch der Platz, wo Produkte verkauft und präsentiert werden.

Ihr findet in diesem Bereich viele Dinge, die nicht speziell zum Friseur-Equipment gehören, doch um wirklich sicher bei der Terminvergabe in einer Fremdsprache zu sein, solltet ihr eure Umgebung gut kennen.

***dialogue / conversation skills***

b) I'm really happy with my new style. I think it was a good decision to cut my hair this short. Thanks Lilly.

a) I'm glad that you like it. I think this style makes a real statement.

b) What do I owe you?

a) 41 in total.

b) Here you are Lilly.

a) Jenny, should I book you a new appointment?

b) Sure! When do you suggest I come back?

a) I'd recommend cutting it once a month. What day and time suits you best?

b) I'm flexible on Fridays from noon onward.

a) How about Friday in 4 weeks at 2 p.m.?

b) That's perfect!

a) Do you want me to write it down on an appointment slip?

b) Oh yes please.

a) Here you are.

b) Thanks Lilly, see you soon.

a) Bye Jenny, take care!

***Dialog / Deutsch***

*b) Ich bin sehr glücklich mit meinem neuen Style. Ich denke, es war eine gute Entscheidung, die Haare so kurz zu schneiden. Danke, Lilly!*

*a) Es freut mich, dass du es magst, und ich denke auch, dass der Style viel Ausdruck hat.*

*b) Lilly meine liebe, was bin ich dir schuldig?*

*a) Das macht dann zusammen 41.*

*b) Bitteschön, Lilly.*

*a) Danke Jenny. Soll ich nach einem neuen Termin für dich schauen?*

*b) Gerne. Was meinst du , wann soll ich am besten wiederkommen?*

*a) Wie wäre der Freitag in vier Wochen um 14 Uhr?*

*b) Das wäre perfekt.*

*a) Soll ich es dir auf einen Terminzettel schreiben?*

*b) Ja, bitte.*

*a) So, bitteschön.*

*b) Danke Lilly, bis bald!*

*a) Tschüss Jenny!*

## Payment & Appointment

### Vokabular

*Wichtige Wörter aus dem Textmaterial*

- reception, front desk, check-in counter, check-in desk / Rezeption
- appointment / Termin
- to take payment / kassieren
- service / Dienstleistung
- to answer the phone / ans Telefon gehen
- to sell products / Produkte verkaufen
- to display / präsentieren oder ausstellen
- product range / Produktauswahl
- particular / speziell
- related / zugehörig
- environment / Umgebung
- to owe / jemandem etwas schulden
- in total / insgesamt
- to suggest / vorschlagen
- appointment slip / Terminzettel
- to take care / auf sich aufpassen (Redewendung bei Verabschiedung)

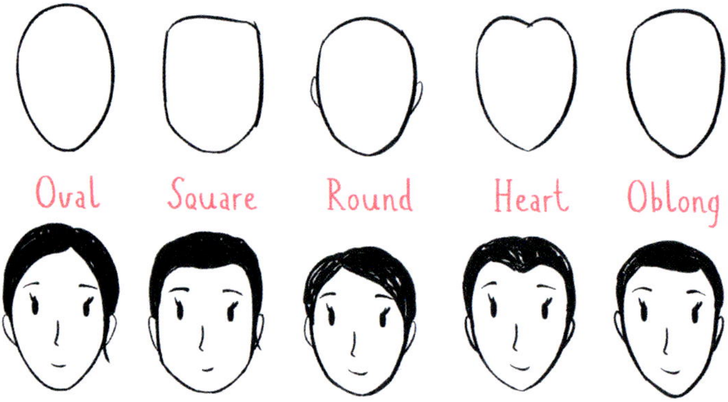


**Oval / Oval**

Slightly wider forehead section with a rounded chin. The length of the face is about one and a half times the width.

Etwas breitere Stirnpartie mit einem abgerundeten Kinn. Die Länge des Gesichts ist ungefähr eineinhalb mal die Breite.

**Square / Viereckig**

Angular shape, with straight sides and a prominent jaw. Width of forehead and jawline are roughly the same.

Kantige From, mit geraden Seiten und einem markanten Kiefer. Die Breite der Stirn und die der Kieferlinie ist ungefähr gleich.

**Round / Rund**

Length and width are almost equal. Forehead, cheeks and jaw all falling in line. Cheekbones may also be rounded.

Länge und Breite sind annähernd gleich. Stirn, Wangen und Kieferlinie fließen ineinander. Wangenknochen sind oft auch rundlich.

**Heart / Herzförmig**

Widest at forehead and cheekbones. Narrowing at jawline and ending in a rather pointy chin.

Am breitesten an der Stirn und den Wangenknochen, dann ein schmaler werdender Verlauf zum Kiefer, der in einem eher spitzen Kinn endet.

**Oblong / Rechteckig**

Often confused with the oval face, an oblong face will have a longer shape that is not as wide as oval head shapes. This head often has a narrow chin.

Häufig verwechselt mit ovalen Gesichtern, obgleich ein rechteckiges Gesicht eine längere Form aufweist und nicht so breit ist wie die ovale Kopfform. Oft geht diese Form einher mit einem schmalen Kinn.

**Ear Length / Ohrlänge**

This length can vary from short around the ears and close-cropped on the top, to just slightly above the ears and medium length on the top. A pixie cut is one example.

Diese Länge kann variieren zwischen einem Haarschnitt, der im Ganzen sehr kurz geschnitten ist oder einem Haarschnitt, bei dem das Deckhaar an den Ohren endet. Ein Pixie-Haarschnitt wäre ein Beispiel für eine kurze Variante und ein Pilzkopf-Haarschnitt ein Beispiel für längeres Deckhaar.

**Chin Length / Kinnlänge**

Defining hair lengths isn't easy, and there's room for interpretation. Some people might consider a length at chin level to be short while others would not. The most common bob hair cuts are this length.

Eine Haarlänge zu definieren ist nicht leicht, und es gibt immer Raum zur Interpretation. So mag der eine eine Haarlänge auf Kinnhöhe schon als kurz empfinden, der andere wiederum nicht. Die häufigsten Bobs sind jedoch in diesem Bereich zu finden.

**Shoulder Length / Schulterlänge**

Shoulder length is a fairly good representation of medium-length hair. A length where you find these hair cuts varies from long bob shapes to more classic styles with a graduated front section.

Schulterlänge ist eine sehr gute Bezeichnung für eine mittlere Haarlänge. Hier findet man häufig Haarschnitte wie den Long-Bob oder die eher klassischen Formen, die z.B in den vorderen Bereichen angeschrägt oder gestuft sind.

**Armpit Length or Mid Length / Über-Schulterlänge oder mittlere Länge**

Armpit length or longer is considered long hair. When we talk about mid length, we generally mean at a level of the armpits or shoulder blades.

**Über-Schulterlänge oder länger wird schon als Langhaar bezeichnet. Wenn wir jedoch über eine mittlere Länge sprechen, meinen wir in der Regel alles im Bereich der Schulterblätter.**

**Mid Back Length / Langhaar**

Mid back and longer is definitely very long.This is not a very common hair length relative to the other lengths.

Längen, die über die Mitte des Rücken hinausgehen, gehören zum Langhaar. Dies ist eine vergleichsweise seltene Haarlänge.

## Beschreiben von natürlichen Haarfarben

**Lillys Tipp-Box**

**Praxistipp**
Vorsicht ist geboten, wenn man von Schwarz oder Weiß redet. Es ist völlig okay, zu sagen: *"I have black hair"* oder *"I have white hair."*
Es könnte aber zu Missverständnissen führen, wenn man nur sagt : *"I'm black"* oder *"I'm white."*

light blond / hellblond

I've got light blond hair. — I'm blond.

Ich habe blondes Haar. — Ich bin blond.

ginger / kupferfarbig (fuchsrot)

I've got red hair. — I'm a redhead.

Ich habe kupferrotes Haar. — Ich bin rothaarig.

brunette or brown hair / braunhaarig oder brünette

I've got brown hair. — I'm a brunette.

Ich habe braune Haare. — Ich bin brünette.

# Natural Hair Shades

light blond / hellblond

blond / blond

ginger or copper / kupfrig oder helles Kupfer

dark copper / kupferrot

brown / braun

dark brown / dunkelbraun

## Fachbegriffe / Technical Terms

Auf den folgenden Seiten findet ihr einige der am häufigsten verwendeten Fachbegriffe im englischsprachigen Raum.

| | |
|---|---|
| **A-Line Bob** | **A-Linien-Bob** |
| *A type of bob that is longer in the front than it is in the back, resembling a capital "A".* | *Ein Bob, der vorne länger ist als hinten und einem großen „A" ähnelt.* |
| **Alkaline Perm** | **Alkalische Dauerwellen** |
| *A stronger, yet harsher type of perm solution used to create tight, firm curls. It has a pH level of 7.5 to 9.5.* | *Eine stärkere, allerdings auch unsanftere Dauerwellflüssigkeit, um deutliche, beständige Locken zu kreieren. Sie hat einen pH-Wert von 7.5 bis 9.5.* |
| **Alopecia** | **Alopezie** |
| *Hair loss, either naturally or from a disease.* | *Haarausfall, entweder natürlich bedingt oder durch eine Erkrankung.* |
| **Amino Acid** | **Aminosäure** |
| *The building blocks of hair.* | *Der Grundbaustein der Haare.* |
| **Anagen** | **Anagenphase** |
| *The growing phase of the hair growth cycle. Typically, this phase lasts around 7 years in a healthy person.* | *Die Wachstumsphase des Haarwachstumszyklus. In der Regel dauert diese Phase bei einem gesunden Menschen 7 Jahre.* |
| | |

| | |
|---|---|
| **Ammonia** | **Ammoniak** |
| *The main ingredient found in hair color that opens the cuticle, allowing color molecules to enter.* | *Hauptbestandteil in Haarfarben, um die Haarcuticula zu öffnen.* |
| **Ammonium Thioglycolate** | **Ammonium Thioglycolate** |
| *Alias Perm salt.. This is a chemical compound ($C_2H_7NO_2S$) that works by swelling the hair and breaking down disulfide bonds, rendering the hair "permable."* | *Alias Dauerwellensalz. Dies ist, eine chemische Zusammensetzung ($C_2H_7NO_2S$), die das Haar aufquillt und die Disulfidbrücken aufbricht, um das Haar formbar zu machen.* |
| **Asymmetrical** | **Asymmetrisch** |
| *Hair terminology meaning different lengths on both sides. For example, in an asymmetrical bob, hair is longer on one side than the other. It can be drastic or subtle.* | *In der Friseurfachsprache bedeutet das: UInterschiedliche Längen an beiden Seiten, z. B. bei einem asymmetrischen Bob wäre das Haar auf der einen Seite länger als auf der anderen. Dies kann sehr drastisch oder dezent sein.* |
| **Balayage** | **Balayage** |
| *Hair that is a certain color on the bottom (usually a lighter color) that gradually fades into a different color around the roots.* | *Haar, das unten in einer meist helleren Farbe coloriert ist, die Richtung Ansatz in eine andere Farbe übergeht.* |
| | |

| | |
|---|---|
| **Bangs** | **Pony** |
| *The layer of hair present at the top of the face, covering the forehead or parts of it. They can be styled many different ways.* | *Haarpartie, die die Stirn ganz oder teilweise bedeckt. Ein Pony kann auf verschiedenster Weise gestylt werden.* |
| **Barbicide** | **Barbicide** |
| *Brand name of the blue liquid used to disinfect all hair styling tools.* | *Markenname der blauen Flüssigkeit, mit der alle Hair-Styling-Tools desinfiziert werden.* |
| **Beach Waves** | **Beach Waves** |
| *Hair that is somewhat wavy, with a "wind-tousled" look. It is usually created by using salt water-based spray.* | *Welliges Haar mit einem „vom Wind zerzaust"-Look, der normalerweise mit einem auf Salzwasser basierenden Spray geschaffen wird.* |
| **Bob** | **Bob** |
| *A bob haircut is hair terminology for when the weight line of the haircut falls around your chin or ears.* | *Ein Haarschnitt, bei dem die Grundlinie auf Höhe des Kinns bzw. der Ohrläppchen fällt.* |
| **Body** | **Volumen** |
| *See Volume* | *Siehe Volumen* |
| **Bonding** | **Bonding** |
| *The process of attaching hair extensions to hair with adhesive.* | *Befestigungsprozess von Haarverlängerungen mit Klebstoff.* |

| | |
|---|---|
| **Bleach** | **Blondierung** |
| *Bleach for hair works by raising the hair cuticle, going into the hair and dispersing color molecules which lighten the hair. If done correctly, it shouldn't cause too much damage.* | *Beim Bleichen der Haare wird die Haarcuticula angehoben und werden Farbmoleküle aufgelöst, was die Haare heller macht. Wenn es richtig gemacht wird, richtet es keinen großen Schaden an.* |
| **Blending** | **Blending** |
| *The process of blending one line of the haircut to the other line, usually by cutting out the hair between both lines.* | *Durch Pointen oder Effilieren der Haare werden zwei aneinander liegende Schnittlinien verblendet.* |
| **Blowout** | **Föhnfrisur** |
| *A service performed at various salons where the hair is washed, blow-dried and styled with hot tools. It is different from just blow-drying your hair; there is much more attention to detail, and the style should last about 3 days.* | *Ein Service vieler Salons, bei dem gewaschen, geföhnt und gestylt wird. Anders als beim normalen Föhnen, wird hier die Aufmerksamkeit auf Details und Haltbarkeit der Frisur gelegt . Die Frisur sollte ca. 3 Tage halten.* |
| **Blunt Cut** | **Stumpfer Haarschnitt** |
| *When the scissors are held horizontal to the comb, cutting all hair the same length.* | *Ein Haarschnitt, bei dem die Schere horizontal zum Kamm gehalten und das ganze Haar auf eine Länge geschnitten wird.* |
| **Braid** | **(geflochtener) Zopf** |
| *A hairstyle created by weaving strands of hair together. There are many different types of braids.* | *Eine Frisur, die durch das Flechten von Haarsträhnen entsteht. Es gibt viele verschiedene Arten von Zöpfen.* |

| | |
|---|---|
| **Brassy** | **Gelbstich** |
| *This hair terminology refers to unwanted golden or orange tones in hair.* | *Ungewollte Gold- und Orangetöne im Haar.* |
| **Brazilian Blowout** | **Brasilianisches Blow-Out** |
| *See Keratin straightening* | *Siehe Keratin-Glättung* |
| **Bulb** | **Haarzwiebel** |
| *The root of the hair.* | *Die Wurzel des Haares.* |
| **Buzz Cut** | **Igelschnitt** |
| *A haircut in which the entire head is shaved with clippers.* | *Ein Haarschnitt, bei dem der ganze Kopf mit Haarschneidemaschinen geschnitten bzw. rasiert wird.* |
| **Caesar Cut** | **Caesar Schnitt** |
| *A short haircut in which the top hair is styled forward and there is a slight fringe around the face.* | *Ein Kurzhaarschnitt, bei dem das Deckhaar nach vorne gestylt wird, so dass ein kleiner Pony entsteht.* |
| **Canities** | **Canities** |
| *The scientific name for grey hair.* | *Wissenschaftlicher Ausdruck für graues Haar.* |
| **Catagen** | **Katagen** |
| *The resting phase of the hair growth cycle.* | *Umbauphase im Wachstumszyklus des Haars.* |

| | |
|---|---|
| **Chelating** | **Chelatbildung** |
| *Chelating shampoo is similar to clarifying shampoo. It works by binding to minerals and metals and removing them from the hair. This is good for removing hard-water buildup or chlorine.* | *Chelat-Shampoo ähnelt Reinigungsshampoo, mit dem Wasserrückstände oder Chlor aus den Haaren entfernen wird.* |
| **Chignon** | **Dutt** |
| *This is a popular hairstyle; there are many different ways to wear a chignon but it is typically a knot or coil of hair worn on the back of the head. It is a popular choice for formal events.* | *Eine beliebte Frisur, vor allem für formelle Events. Es gibt viele Wege, einen Dutt zu machen, typisch ist ein Haarknoten am Hinterkopf.* |
| **Chemical Haircut** | **Chemischer Haarschnitt** |
| *Hair that has been processed so many times by bleach, color or perms that it has broken off.* | *Haar, das so oft mit Bleichmittel, Farbe oder Dauerwellen bearbeitet wurde, dass es durch den chemischen Vorgang abgebrochen ist.* |
| **Choppy Haircut** | **Fransiger Haarschnitt** |
| *This is hair terminology for a very textured haircut in which all the different pieces are different lengths. It is often created with a razor.* | *Haarfachbegriff für einen texturreichen Haarschnitt, bei dem alle Teile verschiedene Längen haben. Er wird oft mit dem Messer geschnitten.* |
| | |

| | |
|---|---|
| **Chunking** | **Chunking** |
| *A method of highlighting the hair in which the highlights are very thick and unblended.* | *Eine Strähnen-Technik, bei der die einzelnen Strähnen sehr auffällig breit und dick angelegt werden.* |
| **Clarifying Shampoo** | **Reinigungsshampoo** |
| *Shampoo that is stronger than normal shampoo, designed to remove buildup from hair products, hard water, etc. It has a strong pH level and should not be used more than once or twice a week.* | *Ein Shampoo, das stärker ist als normales Shampoo und Ablagerungen von Haarprodukten, hartem Wasser etc. entfernt. Es hat einen stärkeren alkalischen pH-Wert und sollte nicht öfter als ein- oder zweimal pro Woche benutzt werden.* |
| **Clippers** | **Haarschneidemaschine** |
| *Electric machines used to cut hair.* | *Elektrische Maschinen zum Schneiden von Haaren.* |
| **Clipper-Over-Comb** | **Haarschneidemaschine-Über-Kamm-Technick** |
| *This is a hair cutting technique in which the hair to be cut is pulled out with the comb, and the clipper is then run over the comb, cutting the hair.* | *Eine Technik, bei der das zu schneidende Haar mit einem Kamm angehoben wird. Dann wird die Haarschneidemaschine über den Kamm geschoben.* |
| **Clip-In Hair Extensions** | **Clip-In-Haarverlängerungen** |
| *Real or synthetic hair that has clips sewn to the top of the weft so they can temporarily add length and/or volume to the hair.* | *Echtes oder synthetisches Haar mit Clips an der Spitze der Tresse, die an das Haar geheftet werden, um ihm temporär Volumen und/oder Länge zu geben.* |

| | |
|---|---|
| **Club Hair** | **Kolbenhaar** |
| *A non-living hair in the last phase of the growth cycle that has detached from the hair follicle and is waiting to be shed.* | *Ein nicht lebendes Haar in der letzten Phase des Wachstumszyklus, das sich vom Haarbalg gelöst hat und darauf wartet, abgeworfen zu werden.* |
| **Coarse** | **Grob** |
| *This is hair terminology referring to the diameter of the hair. Coarse hair is large in diameter and feels rough to the touch.* | *Bezieht sich in der Fachsprache auf den Durchmesser des Haares. Grobes Haar hat einen dicken Durchmesser und fühlt sich rau an.* |
| **Comb-Over** | **Comb-Over** |
| *A trendy haircut made popular by Cristiano Ronaldo, in which the hair is parted to one side and combed completely over. There is usually a line carved into the hair with clippers where the hair is parted.* | *Eine modische Frisur, die durch Christiano Ronaldo bekannt wurde. Das Haar ist dabei auf einer Seite gescheitelt und wird komplett zur anderen Seite gekämmt. Normalerweise wird der Scheitel zusätzlich mit einer Konturenmaschine rasiert.* |
| **Conditioner** | **Haarspülung** |
| *Creamy hair product used after shampoo to soften and detangle the hair.* | *Ein cremiges Haarprodukt, das nach dem Shampoo benutzt wird, um das Haar weicher zu machen und zu entwirren.* |
| | |

| | |
|---|---|
| **Consultation** | **Beratung** |
| *The consultation is a very important part of the hair service. It is at the beginning of a service where the stylist discusses what the client is looking to achieve. A client has the chance to communicate what they like/don't like and the stylist has the chance to tell them their opinion. It is the key to successful service.* | *Die Beratung ist ein sehr wichtiger Teil des Services, bei dem der Stylist mit dem Kunden bespricht, was umgesetzt werden soll bzw. kann. Der Kunde hat die Möglichkeit zu äußern, was er mag/nicht mag, und der Stylist kann seine Rückmeldung dazu geben. Sie ist der Schlüssel zu einem erfolgreichen Service.* |
| **Cornrow** | **Cornrows** |
| *Tight braids that are on the scalp.* | *Eng an Kopfhaut anliegende, geflochtene Zöpfe.* |
| **Cortex** | **Kortex** |
| *The body of hair, making up 90% of the weight. This is where the color molecules are found.* | *Der Körper des Haares, der 90 % des Gewichts ausmacht. Hier befinden sich die Farbmoleküle.* |
| **Cowlick** | **Haarwirbel** |
| *A cowlick is an area of hair where the hair grows in the opposite direction from the rest of the hair. It is hard to get it to lay down in most cases.* | *Ein Wirbel im vorderen Bereich des Kopfes, wo das Haar in die entgegengesetzte Richtung des Resthaares wächst. Es ist in den meisten Fällen schwierig, ihn zu bändigen.* |
| **Crew Cut** | **Crew Cut** |
| *A short, tapered haircut in which the hair is extremely short on the top of the head and graduates to longer hair in the front.* | *Ein kurzer, spitz zulaufender Haarschnitt, bei dem die Haare am Oberkopf sehr kurz sind und an der Stirn länger werden.* |
| | |

| | |
|---|---|
| **Crop** | **Crop** |
| *A haircut in which the hair is cut very close to the head.* | *Kurzgeschorener Kopf.* |
| **Cross-Check** | **Gegenprobe** |
| *Cross-checking a haircut is the final step to make sure everything is even. If you used vertical subsections in the haircut, cross-check it with horizontal subsections.* | *Die Gegenprobe ist der letzte Schritt, um sicherzugehen, dass alles ausgeglichen ist. Wurden senkrechte Abschnitte gemacht, wird die Gegenprobe mit den horizontalen Abschnitten vorgenommen.* |
| **Crown** | **Haarwirbel am Hinterkopf** |
| *The area on top of the head.* | *Bereich auf dem Kopf, der sich als Wirbel verteilt.* |
| **Cuticle** | **Cuticula** |
| *The outermost, scale-like surface of the hair shaft.* | *Die äußerste, schuppen-ähnliche Oberfläche des Haarschafts.* |
| **Cutting Line** | **Schnittlinie** |
| *See Guide* | *Siehe Guide* |
| **Dandruff** | **Schuppen** |
| *A condition caused by excessive cell production causing the scalp to flake.* | *Durch exzessive Zellproduktion schuppt die Kopfhaut.* |
| | |

| | |
|---|---|
| **Decolorizer** | **Farbabzug** |
| *See Bleach* | *Siehe Bleiche.* |
| **Deep Conditioner** | **Aufbauspülung** |
| *Extra strong conditioner that sits on the hair for at least a few minutes. It will add protein, moisture, and vitamins to help repair dry, damaged hair.* | *Eine extra starke Spülung, die mindestens einige Minuten einwirkt. Sie fügt dem Haar Proteine, Feuchtigkeit und Vitamine hinzu und hilft, trockenes, beschädigtes Haar wiederaufzubauen.* |
| **Depth** | **Tiefe (Farbtiefe)** |
| *The lightness/darkness of a color.* | *Die Helligkeit/Dunkelheit einer Farbe.* |
| **Developer** | **Entwicklerflüssigkeit** |
| *Peroxide that is added to any permanent or semi-permanent hair color or bleach. It works by lifting the cuticle and allowing the color to enter the hair.* | *Peroxid, das zu jeder permanenten oder halbpermanenten Haarfarbe oder Bleiche hinzugefügt wird. Es quillt die Cuticula auf, so dass die Farbe in das Haar eindringen kann.* |
| **Diffuser** | **Diffuser** |
| *An attachment for a blow-dryer that disperses the air flow and distributes it over a larger area of hair. These are commonly used with curly hair so the air flow won't disturb the natural flow of the curls.* | *Föhnaufsatz, der den Luftstrom zerstreut und ihn über einen größeren Bereich des Haares verteilt. Wird häufig bei lockigem Haar angewendet, da der Luftstrom die Locken nicht zerstört.* |

| | |
|---|---|
| **Dimension** | **Dimension** |
| *This is hair terminology referring to the illusion of depth and space created by the contrast of different colors.* | *Durch den Kontrast verschiedener Farben entsteht die Illusion von mehr Tiefe und Raum.* |
| **Dimensional Color** | **Kontrastreiche Farbe** |
| *Color that adds dimension to the hair, such as highlights or balayage.* | *Farbe, die dem Haar mehr Dichte verleiht, wie z. B. durch Strähnen- oder Balayage-Technik* |
| **Disconnected** | **Disconnnected** |
| *When main parts of the haircut are not connected by a seamless line. There should be a distinct difference between the two sections.* | *Wenn die Hauptteile des Haarschnitts nicht durch eine nahtlose Linie verbunden sind. Es sollte einen deutlichen Unterschied zwischen beiden Abschnitten erkennbar sein.* |
| **Dreadlocks** | **Dreadlocks** |
| *A hairstyle in which the hair is not combed, and twisted into tight ringlets that hang down.* | *Eine Frisur, bei der das Haar nicht gekämmt, sondern in enge, herabhängende Filzsträhnen verdreht und verfilzt wird.* |
| | |

| Dry Cutting | Trockenschnitt |
|---|---|
| *Dry cutting is usually performed after the hair has already been washed, cut, dried and styled, but can also be used as a primary method of hair cutting. Since hair reacts a lot differently wet than dry, it allows you to focus a lot more on detail and how the hair will actually lay after it has been styled.* | *Ein Trockenschnitt wird normalerweise durchgeführt, nachdem das Haar gewaschen, geschnitten, getrocknet und gestylt wurde. Es kann aber auch als primäre Methode für den Haarschnitt verwendet werden. Haare reagieren unterschiedlich, wenn sie nass beziehungsweise trocken geschnitten werden. Das bereits trockene Haar erlaubt es, sich auf Details zu konzentrieren und darauf, wie die Haare nach dem Styling wirklich liegen.* |
| **Dusting** | **Spitzenschnitt** |
| *Cutting the bare minimum off the tips of the hair to clean up the haircut without making it look freshly cut.* | *Das Abschneiden des Minimums der Haarspitzen, um den Haarschnitt zu bereinigen, ohne ihm einen „neuen" Look zu verpassen.* |
| **Edger** | **Edger / Kontura** |
| *See Trimmer* | *Siehe Trimmer.* |
| **Edgy** | **Edgy** |
| *Trendy, non-conventional hair.* | *Trendige, unkonventionelle Frisur.* |
| **Elasticity** | **Elastizität** |
| *The ability of hair to stretch and then return to its natural shape without breaking.* | *Die Fähigkeit des Haares, sich zu dehnen und dann ohne zu brechen, zu seiner natürlichen Form zurückzukehren.* |

| | |
|---|---|
| **Emphasis** | **Betonung** |
| *Where the eye is drawn to. Can be created with color, cuts or styles.* | *Mit Hilfe von Farben, Schnitten oder Styles lässt sich der Fokus betonen bzw. hervorheben.* |
| **Essential Fatty Acids** | **Essentielle Fettsäuren** |
| *These are ingredients in hair products that preserve the resilience of the hair.* | *Inhaltsstoffe in Haarprodukten, die die Widerstandsfähigkeit des Haares erhalten.* |
| **Extensions** | **Haarverlängerungen** |
| *Pieces of real or synthetic hair that are attached close to the scalp to make hair appear longer and/or more voluminous.* | *Teile echten oder synthetischen Haares, die nah an der Kopfhaut angebracht werden, um das Haar länger und/oder voluminöser erscheinen zu lassen.* |
| **Face-Framing** | **Graduierung des Ponys** |
| *Shorter layers around the face that tend to curl under the chin and frame the face.* | *Kurze Stufen im vorderen Bereich, die sich oft an der Kinnpartie anschmiegen und das Gesicht umrahmen.* |
| **Fade** | **Übergang** |
| *A very short haircut that is extremely short (sometimes completely bald) on the sides and gradually fades into the longer hair on top.* | *Ein Haarschnitt mit sehr kurzen, mitunter komplett kahlen Seiten, der nach obenhin allmählich in die längeren Haarpartien übergeht.* |

| | |
|---|---|
| **Faux Hawk** | **„Fake-Iro“** |
| *A mohawk type haircut that blends down into a regular men's haircut.* | *Ein Haarschnitt, der wie ein Irokesenschnitt aussieht, aber in einen regulären Männerhaarschnitt übergeht.* |
| **Feathering** | **Fransen** |
| *This hair terminology refers to the act of softening hard lines in a haircut.* | *Dieser Begriff bezieht sich auf das Ausfransen von harten Linien bei einem Haarschnitt.* |
| **Filler** | **Füller** |
| *Used to even out hair before a coloring service.* | *Wird benutzt, um das Haar vor dem Färben zu ebnen.* |
| **Finishing Spray** | **Finishing Spray** |
| *A medium-hold hair spray used to keep hair in place after it has been styled.* | *Ein Haarspray für mittleren Halt, um die Haare nach dem Stylen zu festigen.* |
| **Fluid Hair Painting** | **Fluid Hair Painting** |
| *The method of painting hair color onto the hair while the client is reclined and their hair is fanned out on a table.* | *Eine Methode, die Haarfarbe auf das Haar zu malen. Der Kunde ist dabei zurückgelehnt, und das Haar liegt aufgefächert auf einem Tisch.* |
| | |

| | |
|---|---|
| **Fly-Away Hair** | **Elektrisiertes Haar** |
| *Thin, fine hairs that have been statically charged and will not lay with the rest of the hair.* | *Dünne, feine Härchen, die statisch aufgeladen sind und deshalb vom restlichen Haar abstehen.* |
| **Foiling** | **Foliensträhnen** |
| *A method of highlighting hair in which parts of the hair are sectioned and placed on foils. These areas are painted with hair color and finally wrapped. The foil allows you to only color certain parts of the hair.* | *Eine Strähnen-Methode, bei der einzelne Haarsträhnen in Folien gelegt werden. Diese Bereiche werden dann mit Haarfarbe bestrichen und verpackt. Die Folie ermöglicht es, dass nur Teilbereiche gefärbt werden.* |
| **Follicle** | **Follikel** |
| *The hair follicle houses the root of the hair.* | *Im Haarfollikel befindet sich die Haarwurzel.* |
| **Freezing Spray** | **Freezing Spray** |
| *Heavy-hold hairspray meant to keep hair in place.* | *Haarspray für starken Halt, das die Frisur stark festigt.* |
| **Fringe** | **Pony** |
| *Politically correct hair terminology for "bangs."* | *Politisch korrekter Ausdruck für „Pony".* |
| | |

| | |
|---|---|
| **Frosting** | **Haubensträhnchen** |
| *Highlights performed by pulling small sections of hair with a crochet hook through a cap and applying bleach. The result is very fine, blended highlights, usually very light in color.* | *Eine Methode, bei der die Strähnchen mit einer Häkelnadel durch eine Gummihaube gezogen werden. Das Ergebnis sind sehr feine Strähnen, meistens im Blondbereich.* |
| **Fusion** | **Fusion** |
| *The process of attaching small pieces of hair to the natural hair by heating up adhesive with a thermal gun. This allows the free movement of hair.* | *Das Anbringens von dünnen Haarsträhnen mit einer Heißklebepistole.* |
| **Glaze** | **Lasur** (Tönung) |
| *A semi-permanent product that adds shine to the hair.* | *Eine Tönung, die dem Haar Glanz verleiht.* |
| **Gloss** | **Glossbehandlung** |
| *Shine overlay on the hair. Can be created temporarily with hair products or a clear hair color.* | *Glanzüberzug auf dem Haar, der temporär mittels Haarprodukten oder einer klaren Haarfarbe erreicht wird.* |
| | |

| | |
|---|---|
| **Graduation** | **Abstufung** |
| *When hair "graduates" from short to long. Typically this refers to the back of a bob or face-framing.* | *Das Abstufen des Haares von kurz nach lang bezieht sich normalerweise auf die Hinterseite eines Bobs oder die Stufung um das Gesicht.* |
| **Grey Hair** | **Graues Haar** |
| *Hair that has naturally lost all pigment.* | *Haar, das auf natürliche Weise all seine Pigmente verloren hat.* |
| **Guide** | **Grundlinie** |
| *The first initial line in the haircut that will be followed through the rest of the haircut. An example is if you dropped the first subsection of hair, cut it to the length you wanted, and then cut every other subsection to that same length.* | *Die erste Linie des Haarschnitts, der dann gefolgt wird. Wenn z. B. der erste Unterabschnitt des Haares heruntergekämmt und auf die gewollte Länge geschnitten wurde, wird jede weiterer Abschnitt auf die gleiche Länge geschnitten.* |
| **Hair Growth Cycle** | **Haarwachstumszyklus** |
| *The life of a strand of hair goes through three different phases: Anagen (the growing phase), Catagen (the resting phase) and Telogen (the dormant phase).* | *Haarwachstum gliedert sich in drei verschiedene Phasen: die Anagen- (Wachstumsphase), die Katagen- (Ruhephase) und die Telogenphase (Schlaf-Phase). Jedes Haar hat einen eigenen Zyklus, deshalb wachsen Haare unregelmäßig.* |
| | |

| | |
|---|---|
| **Hair Painting** | **Painting** |
| *Painting the hair color directly on the hair with a brush.* | *Das direkte Auftragen von Farbe auf das Haar mittels Pinsel.* |
| **Hair Shaft** | **Haarschaft** |
| *The non-growing part of hair above the skin.* | *Der nicht wachsende Teil des Haars über der Haut.* |
| **Heat Clamps** | **Extensions Zange** |
| A heat gun used to seal synthetic hair. | *Eine heiße Zange, um synthetisches Haar zu versiegeln (verschweißen).* |
| **Henna Dye** | **Henna-Farbe** |
| *An extremely permanent but natural* plant-based hair color. *It is reddish-brown in color. It does not use developer, and will not damage your hair, but will be very hard to remove later if you change your mind.* | *Eine permanente, aber natürliche pflanzliche Haarfarbe. Sie ist rot-braun, braucht keine Entwicklerflüssigkeit und schädigt das Haar nicht sonderlich. Henna-Farbe lässt sich bei einem anderen Farbwunsch nur sehr schwer entfernen.* |
| **High and Tight** | **Militärschnitt** |
| *A very short, faded haircut that is blended high on the head. This is very popular in the military.* | *Ein sehr kurzer Schnitt, der nach oben hin länger wird und erst sehr weit oben am Kopf ,von sehr kurz in eine etwas längere Länge übergeht.* |
| | |

| | |
|---|---|
| **Highlights** | **Strähnchen** |
| *The process of lightening some pieces of the hair, but not all of them.* | *Einzelne Strähnen des Haares sind heller gefärbt.* |
| **Humectant** | **Feuchthaltemittel** |
| *Ingredient in hair products that draws in moisture.* | *Inhaltsstoff in Haarprodukten, das Feuchtigkeit anbindet.* |
| **Ionic** | **Ionisch** |
| *Ionic hot tools emit negative ions which disperse water quickly, drying the hair faster and causing less damage.* | *Heiße Styling-Werkzeuge, die negative Ionen ausstoßen, die Wasser schneller auflösen und somit das Haar schneller trocknen. Dieser Vorgang ist weniger schädlich als das herkömmliche Trocknen.* |
| **Jojoba Oil** | **Jojobaöl** |
| *Oil extracted from the seeds of an American shrub, commonly found in hair products. It closely resembles sebum and adds a lot of moisture to the hair.* | *Das Öl aus den Samen eines amerikanischen Busches ist häufiger Bestandteil in Haarprodukten. Es ähnelt sehr stark dem Hauttalg und bringt viel Feuchtigkeit in das Haar.* |
| **Keratin** | **Keratin** |
| *A fibrous protein forming the main substance of hair.* | *Ein faseriges Protein, das der Hauptbestandteil des Haares ist.* |
| | |

| | |
|---|---|
| **Keratin Straightening** | **Keratin-Glättung** |
| *Aka "Brazilian Blowout." This is a very expensive hair treatment that will straighten and smoothe hair for a long period of time. It removes most curl and frizz and will not cause any damage to the hair. It can be performed on bleached hair.* | *Alias „Brazilien Blowout." Eine sehr teure Haarbehandlung, die das Haar für eine lange Zeit glatt und geschmeidig macht. Sie entfernt die meisten Locken und Krause und beschädigt das Haar dabei nicht. Darüber hinaus kann sie auf gebleichtem Haar durchgeführt werden.* |
| **Layers** | **Stufen** |
| *Layers are a very important part of hair terminology that everyone should know. Layers are shorter pieces of hair that blend seamlessly into the haircut, adding volume and dimension.* | *Stufen sind kürzere Teile des Haares, die sich nahtlos in den Haarschnitt integrieren und so Volumen sowie Fülle bringen.* |
| **Lightener** | **Lightener** |
| *See Bleach* | *Siehe Blondierung.* |
| **Line-Up** | **Line-Up** |
| *The act of creating hard lines around the perimeter of a short haircut with trimmers.* | *Vorgang, um Konturen deutlich zu betonen, in dem bei einem Kurzhaarschnitt mit einer Haarschneidemaschine die Konturen nachrasiert werden.* |
| **Lob** | **Langer Bob, Longbob** |
| *A lob is a long version of a bob. The weight line should fall around your collar bones.* | *Ein Longbob ist die lange Version eines Bobs, dessen Grundlinie kurz über dem Schlüsselbein liegen sollte.* |

| | |
|---|---|
| **Long Layers** | **Lange Stufen** |
| *Layers that tend to stay towards the bottom of the hair.* | *Stufen im unteren Bereich eines Haarschnitts.* |
| **Lowlights** | **Lowlights (dunkle Strähnen)** |
| *The process of darkening some pieces of hair, but not all of them.* | *Hierbei werden Haarsträhnen mit dunkler Haarfarbe eingefärbt.* |
| **Medulla** | **Medulla** |
| *The innermost part of hair structure.* | *Der innerste Teil der Haarstruktur.* |
| **Melanin** | **Melanin** |
| *The natural pigment of hair.* | *Das natürliche Farbpigment der Haare.* |
| **Mohawk** | **Irokesenschnitt** |
| *When all of the head is shaved except for a strip of hair down the middle of the head. It can be either really short or really long.* | *Der Kopf ist bis auf einen Streifen in der Mitte komplett rasiert. Das restliche Haar kann sehr kurz oder sehr lang sein.* |
| **Movement** | **Bewegung** |
| *The path that your eye will follow through the hairstyle. Wavy hair has a lot of movement. Straight hair does not have as much movement.* | *Der Bereich, den das Auge als Bewegung bei einer Frisur wahrnimmt. Welliges Haar hat im Gegensatz zu glattem Haar in sich viel Bewegung.* |

| | |
|---|---|
| **Mullet** | **Vokuhila** |
| *A haircut that is short and clean-cut around the top of the head and in the front, but long in the back.* | *Ein Haarschnitt, der oben und vorne am Kopf kurz und sauber geschnitten ist, aber hinten lang bleibt.* |
| **Nape** | **Nacken** |
| *The lower part of the back of the head below the occipital bone.* | *Der untere Teil des Hinterkopfes, unter dem Hinterhauptbein.* |
| **Neutralizer** | **Fixierung** |
| *Neutralizer is applied to hair after it has been broken down by perming solution. The purpose of neutralizer is to rebuild the hair in the newly formed curls.* | *Die Fixierung wird als Neutralisierung der Dauerwelllösung aufgetragen; sie fixiert die neue Form.* |
| **Notching** | **Pointen** |
| *The act of cutting some hair but not all of it to create texture. Can be done with thinning shears or point-cutting techniques.* | *Technik, bei der nur einige Haarbereiche geschnitten werden, wodurch mehr Struktur im Haarschnitt entsteht.* Dies *kann durch Effilieren oder durch Pointen erzielt werden.* |
| **Oxidation** | **Oxidation** |
| *The chemical reaction caused by mixing* hair color and developer together. *Oxidation lifts the cuticle, allowing the hair color to work inside the hair shaft.* | *Chemische Reaktion, die beim Mischen von Haarfarbe und Entwicklerflüssigkeit entsteht. Oxidation hebt die Cuticula an, damit sich Haarfarbe im Haarschaft entwickeln kann.* |

| | |
|---|---|
| **Palming the Shears** | **Die Schere in die Handfläche fallen lassen** |
| *This is the common practice of closing the shears in your palm, while using the comb to create sections. Leaving the shears open could result in unwanted cuts to the hair.* | *Ein gängige Praxis, bei der die Schere mit der Handfläche umschlossen wird, während man den Kamm benutzt. So können ohne versehentliches Abschneiden weitere Haarabschnitte abgeteilt werden.* |
| **Papilla** | **Papille** |
| *The small area at the base of the root that provides nutrients to the hair.* | *Der kleine Bereich an der Haarwurzel, welcher das Haar mit Nährstoffen versorgt.* |
| **Patch Test** | **Patch-Test** |
| *A patch test is performed prior to a chemical service to check for any adverse allergic reactions to the chemical. It is performed by adding a dab of the chemical behind the client's ear and letting it process.* | *Ein Patch-Test wird vor einer chemischen Behandlung durchgeführt. Man streicht einen Klecks der Chemikalie hinter das Ohr des Kunden und lässt sie einwirken, um zu prüfen, ob unerwünschte allergische Reaktionen entstehen.* |
| | |

| | |
|---|---|
| **Perm/Permanent Wave** | **Dauerwelle** |
| *The process of adding permanent waves to someone's hair. It can either re-shape curls that already exist or add curls to straight hair. The head is wrapped in cylinder-shaped perm rods, and then the hair bonds are broken down and rebuilt in the shape of the perm rod.* | *Prozess, um permanente Locken in das Haar zu bringen. Es werden entweder schon existierende Locken neu geformt oder glattes Haar wird zu Locken umgeformt. Die Haarsträhnen werden in zylinderförmige Dauerwellen-Stäbchen gewickelt. Dann werden die chemischen Verbindungen im Haar aufgebrochen und schließlich in der Form der Dauerwellen-Stäbchen neu geformt.* |
| **Piecey** | **Akzentuiert** |
| *This is when the ends of the hair are separated into smaller sections with gel or wax with the fingers. It is generally a term used for shorter haircuts. Can also be used synonymously with the term choppy.* | *Haarenden werden mit Gel oder Wachs an den Fingern in kleinere Abschnitte unterteilt; findet in der Regel bei kürzeren Haarschnitten Anwendung. Es kann auch als Synonym für „ungleichmäßig" verwendet werden.* |
| **Pigment** | **Pigment** |
| *Color* | *Farbe* |
| | |

| | |
|---|---|
| **Pixie Cut** | **Kurzhaarschnitt (Pixie)** |
| *Super short hair that is cut very close to the scalp. It usually is still wispy around the edges, making it look feminine.* | *Super-kurzer Haarschnitt, bei dem sehr nah an der Kopfhaut geschnitten wird. Normalerweise werden die Kanten für einen femininen Look etwas weicher gestaltet.* |
| **Point Cutting** | **Pointen** |
| *When the scissors are held at an angle, creating a "saw-tooth" effect on the hair. This is great for adding texture to the hair.* | *Die Schere wird in einem spitzen Winkel gehalten, um einen „Sägezahn"-Effekt zu schaffen und dem Haar mehr Textur zu verleihen.* |
| **Pompadour** | **Schmalzlocke** |
| *This style was made famous by Elvis Presley. It is a hairstyle in which the hair is combed straight up from the forehead without a part.* | *Dieser Style wurde durch Elvis Presley bekannt. Bei dieser Frisur wird das Haar von der Stirn aus ohne Trennung nach oben gekämmt.* |
| **Porosity** | **Porosität** |
| *The ability to absorb moisture.* | *Die Fähigkeit, Feuchtigkeit aufzunehmen (Durchlässigkeit).* |
| | |

| | |
|---|---|
| **Protein Treatment** | **Protein-Anwendung** |
| *A type of deep conditioning treatment that adds protein to the hair cortex, which strengthens hair and adds* **elasticity**. | *Eine Haarbehandlung, die dem Haarkortex Protein hinzufügt, um ihn zu stärken und ihm Elastizität zu verleihen.* |
| **Razor Cut** | **Messerschnitt** |
| *Using a razor blade or comb with razor blades in it to cut the hair. This type of haircut is not perfectly even, and is very textured, giving a softer look than scissor cuts.* | *Das Haar wird mit einer Rasierklinge oder mit einer Bürste mit eingebauten Rasierklingen geschnitten. Dieser Haarschnitt ist nicht ganz gleichmäßig und reich an Textur, was im Gegensatz zum herkömmlichen Scherenschnitt ein weicheres Aussehen zur Folge hat.* |
| **Relaxer** | **Relaxer/chemische Glättungscreme** |
| *Used to permanently straighten hair.* | *Wird benutzt, um Haare permanent zu glätten.* |
| **Remy Hair** | **Remy-Haar** |
| *This is hair for extensions that has been harvested so that the cuticle faces the same direction on all the hair strands. It is high-quality hair used in extensions and hair pieces.* | *Haar für Haarverlängerungen, das so gesammelt wurde, dass die Cuticula in die gleiche Richtung wie alle Haarsträhnen zeigt. Es ist qualitativ hochwertiges Haar, das in Haarverlängerungen und -teilen verwendet wird.* |
| | |

| | |
|---|---|
| **Rhythm** | **Schwung** |
| *This is hair terminology for the recurrent pattern of movement in hair. Tight curls have a fast rhythm while loose waves have a slower rhythm.* | *Haar-Fachbegriff für das wiederkehrende Bewegungsmuster im Haar. Enge Locken haben z. B. einen schnelleren Rhythmus (Schwung), während lockere Wellen einen langsameren Rhythmus haben.* |
| **Sebaceous Gland** | **Talgdrüse** |
| *Oil-secreting glands on the scalp.* | *Ölabsondernde Drüsen auf der Kopfhaut.* |
| **Sebum** | **Talg** |
| *The oily secretion on the scalp composed of keratin and fat.* | *Die aus Keratin und Fett zusammengesetzte, ölige Sekretion auf der Kopfhaut.* |
| **Sectioning** | **Unterteilen oder Abteilen** |
| *The act of breaking the hair into smaller sub-sections for a haircut or hair style. This allows you to have more control over the section you are working on.* | *Das Unterteilen des Haares in kleinere Unterabschnitte sorgt für mehr Kontrolle während des Haarschnitts.* |
| | |

| | |
|---|---|
| **Semi-Permanent** | **Direktziehende Tönung** |
| *Hair color that is semi-permanent will eventually wash out. It does not use developer and therefore it cannot make your hair lighter. It works by coating the hair shaft.* | *Haarfarbe, die sich um den Haarschaft legt und nach mehrmaligem Waschen wieder auswäscht. Es wird keine Entwicklerflüssigkeit verwendet, daher kann sie das Haar nicht aufhellen.* |
| **Shears** | **Haarschneidescheren** |
| *Scissors used to cut hair.* | *Scheren, mit denen Haare geschnitten werden* |
| **Split Ends** | **Spliss** |
| *When the tip of the hair strand has split due to dryness or damage.* | *Spaltung der Haarspitze aufgrund von Trockenheit oder Schäden.* |
| **Taper** | **Übergänge** |
| *Hair terminology that means to gradually lessen. It is popular to taper short hairstyles so that the perimeter blends without a hard line.* | *Fachbegriff für weiche Übergänge bei kurzen Haaren.* |
| **Telogen** | **Telogenphase** |
| *The resting phase of the hair cycle.* | *Ruhephase im Haarzyklus* |

| | |
|---|---|
| **Temporary Color** | **Temporäre Farbe** |
| *Temporary color is color that coats the hair until you wash it again. A good example is Halloween hair color that you wash out the next morning.* | *Temporäre Farbe umhüllt das Haar bis zur nächsten Wäsche.* |
| **Texture** | **Textur** |
| *Hair that has texture in it is hair that is not all the same length. It can be created by layers, razor cut, or thinning shears.* | *Texturierte Haare haben nicht überall die gleiche Länge. Die Struktur (Textur) entsteht durch das Stufen der Haare wie beim sogenannten Messerschnitt oder durch den gezielten Einsatz einer Modellierschere.* |
| **Texturizing Shears or Texturizing Scissors** | **Texturierungsscheren** |
| *See Thinning Shears* | *Siehe Effilier-/Modellierschere* |
| **Thermal Reconditioning** | **Chemische Glättung** |
| *A method of straightening hair. It works like a reverse perm.* | *Hierbei wird das Haar mit einer chemischen Lösung, die der Dauerwellflüssigkeit ähnelt, geglättet.* |
| | |

| | |
|---|---|
| **Thinning Shears or Thinning Scissors** | **Effilier-/Modellierschere** |
| *Shears in which one or both of the blades have notches cut out of them. When using these to cut hair, they only cut some of the hair and leave the other hair uncut. This creates a textured look.* | *Scheren mit Einkerbungen an den Klingen. Durch Herausschneiden von kleineren Haarmengen wird eine lockere Struktur erzeugt.* |
| **Thinning the Hair** | **Haar ausdünnen** |
| *Using thinning scissors, razors, layering or other various methods to reduce some bulk in the hair.* | *Mit Hilfe von Modellierschere, Rasierklingen, Stufen oder anderen zahlreichen Methoden wird ein Teil des Haares reduziert, sprich ausgedünnt.* |
| **Track** | **Track** |
| *Cornrows that hair extensions are sewn into.* | *Cornrows, bei denen Haarverlängerungen eingenäht wurden.* |
| **Trimmer** | **Trimmer** |
| *Small clippers made to clean up the edges and add detail to a short haircut.* | *Kleine Haarschneidemaschinen zur Bereinigung von Konturen bzw. zum Hervorheben der Konturen bei Kurzhaarschnitten.* |
| | |

| | |
|---|---|
| **Undercut** | **Undercut** |
| *This is a type of haircut in which the top is left longer than the bottom, leaving an overhang. It can be very subtle, as in a bob haircut, where the undercut is used to make the haircut flip under. It could also refer to the very popular look right now where the sides and neck area are shaved and the rest of the hair is still regular length.* | *Ein Haarschnitt, bei dem der obere Teil länger als der untere ist, was einen Überhang erzeugt. Er kann sehr dezent sein, wie bei einem Bob, wo der Undercut die unteren Linien verdeckt, indem sich das Deckhaar um die Grundlinie legt. Es beschreibt aber auch einen derzeit populären Look, bei dem der ganze Nacken und die Seiten rasiert werden, während der Rest des Haares seine reguläre Länge behält.* |
| **Upsweep (Hairdo)** | **Lockere Hochsteckfrisur** |
| *Loosely gathering all of the hair on top of the head.* | *Lockeres Hochstecken des gesamten Haares auf dem Oberkopf.* |
| **Virgin Hair** | **Naturbelassenes Haar** |
| *Hair that has never been processed.* | *Haar, das nie farbbehandelt wurde.* |
| **Volume** | **Volumen** |
| *Hair that has a lot of volume is hair that is lifted further from the scalp so that it appears fuller. Can also mean thicker, fuller hair.* | *Volumen bedeutet entweder, dass sich das Haar von der Kopfhaut abhebt, um voller zu wirken oder auch an sich dickeres, volleres Haar.* |

| | |
|---|---|
| **Weaving** | **Weben** |
| *The act of sewing hair extensions into cornrows on the head.* | *Vorgang des Einwebens von Haarverlängerungen in Cornrows.* |
| **Weft** | **Extension / kleine Haartresse zur Verlängerung von Haaren** |
| *A hair piece that is woven together by a strip on top.* | *Ein Haarbündel, das an einer Seite vernäht ist.* |
| **Weight Line** | **Kompakte Linie** |
| *The part of the haircut that holds the most weight. For example, in a non-layered, "straight across" haircut, it will be the bottom of the hair.* | *Der Teil des Haars mit der meisten Fülle. Bei einem nicht-stufigen, „geraden" Haarschnitt wäre dies die volle Grundlänge.* |
| **White Walls** | **Weiße Wände** |
| *This is hair terminology for maximum scalp exposure on a short haircut.* | *Fachbegriff für maximale Enthüllung der Kopfhaut bei einem kurzen Haarschnitt.* |
| **Wig** | **Perücke** |
| *A covering for the whole head made from real or synthetic hair.* | *Ein Haarteil aus echtem oder synthetischem Haar, das den ganzen Kopf bedeckt* |

**A**

| | | |
|---|---|---|
| Abteiler | **clips** | klɪps |
| Abteilung | **section** | ˈsɛkʃən |
| anbieten | **to offer** | tu ˈɔfər |
| anfeuchten | **to wet** | tu wɛt |
| Angabe | **declaration** | ˌdɛkləˈreɪʃən |
| Angestellter | **employee** | ɛmˈplɔɪi |
| Ansatzfestiger | **root lotion** | rut ˈloʊʃən |
| anwenden | **to apply** | tu əˈplaɪ |
| Arbeitgeber | **employer** | ɛmˈplɔɪər |
| aufbauschen | **to puff out** | tu pʌf aʊt |
| auffrischen | **to refresh** | tu rɪˈfrɛʃ |
| auftragen | **to apply** | tu əˈplaɪ |
| ausdünnen | **to thin out** | tu θɪn aʊt |
| ausstellen | **to display** | tu dɪˈspleɪ |
| Auswahl | **range** | reɪnʤ |

**B**

| | | |
|---|---|---|
| Bart | **beard** | bɪrd |
| Bedienstuhl | **hairdresser's chair** | ˈhɛrˌdrɛsərz ʧɛr |
| befeuchten | **to mist** | tu mɪst |
| begrüßen | **to greet** | tu grit |
| Begrüßung | **greeting** | ˈgritɪŋ |
| beibehalten | **to maintain** | tu meɪnˈteɪn |
| Belegschaft | **staff** | stæf |
| benutzen | **to use** | tu juz |
| Bewegung | **movement** | ˈmuvmənt |
| blondieren | **to bleach** | tu bliʧ |
| Blondierung | **bleach** | bliʧ |
| | **bleaching powder** | ˈbliʧɪŋ ˈpaʊdər |
| Breite | **width** | wɪdθ |
| Bürste | **brush** | brʌʃ |
| Bürstenset | **set of brushes** | sɛt ʌv ˈbrʌʃɪz |

**C**

| | | |
|---|---|---|
| Chemieumhang | **chemical cape** | ˈkɛməkəl keɪp |
| Clips | **clips** | klɪps |
| Creme | **cream** | krim |

**D**

| | | |
|---|---|---|
| Dauerwelle | **permanent wave** | ˈpɜrmənənt weɪv |
| | **perm** | |
| Dauerwellfixierung | **neutralizer** | ˈnutrəˌlaɪzər |
| Dauerwellflüssigkeit | **perming solution** | perming səˈluʃən |
| Dauerwellstäbchen | **protective sticks** | prəˈtɛktɪv stɪks |
| Dauerwellwickler | **perm curlers** | perm ˈkɜrlərz |
| | **perm rollers** | perm ˈroʊlərz |
| dick | **thick** | θɪk |
| Dienstleistung | **service** | ˈsɜrvɪs |
| Duft | **fragrance** | ˈfreɪgrəns |

**E**

| | | |
|---|---|---|
| eckig | **angular** | ˈæŋgjələr |
| Effilierschere | **thinning scissors** | ˈθɪnɪŋ ˈsɪzərz |
| Eingang | **entrance** | ˈɛntrəns |
| einrahmen | **to frame** | tu freɪm |
| Einwirkzeit | **processing time** | ˈprɑsɛsɪŋ taɪm |
| empfangen | **to receive** | tu rəˈsiv |
| Empfangstresen | **reception desk** | rɪˈsɛpʃən dɛsk |
| | **front desk** | frʌnt dɛsk |
| empfehlen | **to recommend** | tu ˌrɛkəˈmɛnd |
| Empfehlung | **recommendation** | ˌrɛkəmənˈdeɪʃən |
| entfernen | **remove** | riˈmuv |
| Entscheidung | **decision** | dɪˈsɪʒən |
| Entwickler-flüssigkeit | **color developer** | ˈkʌlər dɪˈvɛləpər |
| Erfahrung | **experience** | ɪkˈspɪriəns |
| Ergebnis | **result** | rɪˈzʌlt |
| erreichen | **achieve** | tu əˈʧiv |
| etwas | **slightly** | ˈslaɪtli |

**F**

| | | |
|---|---|---|
| Farbausgleich | **color correction** | ˈkʌlər kəˈrɛkʃən |
| Farbe | **color** (Am) **colour** (Br) | ˈkʌlər |
| | **dye** | daɪ |
| färben | **to dye** | tu daɪ |
| Farbpinsel | **tint brush** | tɪnt brʌʃ |
| Farbschale | **tint bowl** | tɪnt boʊl |
| Farbton | **shade** | ʃeɪd |
| Farbtube | **color tube** | ˈkʌlər tub |
| feucht | **damp** | dæmp |
| Fixierung | **neutralizer** | ˈnutrəˌlaɪzər |
| Flexibilität | **flexibility** | ˌflɛksəˈbɪləti |
| Föhn | **blow dryer** | bloʊ ˈdraɪər |
| föhnen | **to blow dry** | tu bloʊ draɪ |
| Folie | **foil** | fɔɪl |
| formen | **to mold** | tu moʊld |
| fransig | **choppy** | ˈʧɑpi |
| Friseur | **hairdresser** | hɛrˌdrɛsər |
| Friseurstuhl | **hairdresser's chair** | ˈhɛrˌdrɛsərz ʧɛr |
| Frisur | **hairdo** | ˈhɛrˌdu |

**G**

| | | |
|---|---|---|
| Garderobe | **coat rack** | koʊt ræk |
| Gelegenheit | **occasion** | əˈkeɪʒən |
| gerade | **straight** | streɪt |
| gestuft | **graduated** | ˈgræʤuˌeɪtɪd |
| | **layered** | ˈleɪərd |
| glänzend | **shiny** | ˈʃaɪni |
| Glätteisen | **hair straightener** | hɛr ˈstreɪtənər |
| | **flat iron** | flæt ˈaɪərn |
| gleichmäßig | **even** | ˈivɪn |

**H**

| | | |
|---|---|---|
| Haarbehandlung | **hair treatment** | hɛr ˈtritmənt |
| Haarkur | **conditioner** | kənˈdɪʃənər |

| | |
|---|---|
| Haarlänge | **length** lɛŋkθ |
| Haartönung | **hair tint** hɛr tɪnt |
| | **semi permanent color** |
| Haarwäsche | **shampooing** ʃæmˈpuɪŋ |
| Haarwuchsgrenze | **hairline** ˈhɛrˌlaɪn |
| Haarschaft | **hair shaft** hɛr ʃæft |
| Hals | **neck** nɛk |
| Handbrause | **hand spray** hænd spreɪ |
| Handfläche | **palm** pɑm |
| Handspiegel | **hand mirror** hænd ˈmɪrər |
| Handtuch | **towel** ˈtaʊəl |
| Hauptziel | **main goal** meɪn goʊl |
| herzförmig | **heart** hɑrt |
| Hochsteckfrisur | **up-do** ʌp-doʊ |
| Hocker | **stool** stul |

**I**

| | |
|---|---|
| Inhaber | **owner** ˈoʊnər |

**J**

**K**

| | |
|---|---|
| Kamm | **comb** koʊm |
| kassieren | **to take payment** tu teɪk ˈpeɪmənt |
| kennenlernen | **to meet** tu mit |
| Kinn | **chin** ʧɪn |
| Kollege | **colleague** ˈkɑlig |
| | **co-worker** koʊ-ˈwɜrkər |
| Kopfform | **head shape** hɛd ʃeɪp |
| Kopfhaut | **scalp** skælp |
| Kunde | **customer** ˈkʌstəmər |
| | **client** ˈklaɪənt |
| Kupfer | **copper** ˈkɑpər |
| kurz | **short** ʃɔrt |
| kürzen | **to trim** tu trɪm |

**L**

| | |
|---|---|
| Länge | **length** lɛŋkθ |
| Lockenstab | **curling iron** ˈkɜrlɪŋ ˈaɪərn |
| | **curling wand** ˈkɜrlɪŋ wɑnd |
| loslegen | **to get started** tu gɛt ˈstɑrtəd |

**M**

| | |
|---|---|
| Maschinenaufsätze | **clipper guards** ˈklɪpər gɑrdz |
| Modelierschere | **thinning scissors** ˈθɪnɪŋ ˈsɪzərz |
| mögen | **to like** tu laɪk |
| (nicht) mögen | **to dislike** tu dɪˈslaɪk |

**N**

| | |
|---|---|
| Nacken | **nape** |
| neigen | **to tilt** tu tɪlt |

**O**

| | |
|---|---|
| Ohrläppchen | **lobe** loʊb |
| oval | **oval** ˈoʊvəl |

**P**

| | |
|---|---|
| passen | **to suit** tu sut |
| passen (farblich) | **to match** tu mæʧ |
| Pflege | **care** kɛr |
| planen | **to schedule** tu ˈskɛʤʊl |
| Pomade | **pomade** |
| Pony | **fringe** (Br.) frɪnʤ |
| | **bangs** (Am.) bæŋz |
| Produktablage | **product shelf** ˈprɑdəkt ʃɛlf |
| Produktauswahl | **product range** ˈprɑdəkt reɪnʤ |
| Produkte | **products** ˈprɑdəkts |

**Q**

| | |
|---|---|
| **R** | |
| Rasiermesser | **razor** ˈreɪzər |
| Ratschläge | **advice** ædˈvaɪs |
| rechteckig | **oblong** ˈɑblɔŋ |
| Rezeption | **front desk** frʌnt dɛsk |
| | **reception** rɪˈsɛpʃən |
| | **check-in desk** ʧɛk-ɪn-dɛsk |
| rund | **round** raʊnd |
| **S** | |
| Salonwagen | **salon trolley** səˈlɑn ˈtrɑli |
| Schaden | **damage** ˈdæməʤ |
| Schaum | **lather** ˈlæðər |
| Schlauch | **hose** hoʊz |
| schmal | **narrow** ˈnɛroʊ |
| schmeicheln | **to flatter** tu ˈflætər |
| schneiden | **to cut** tu kʌt |
| Schneideumhang | **cutting cape** ˈkʌtɪŋ keɪp |
| Schere | **scissors** ˈsɪzərz |
| | **shears** ʃirz |
| Schermaschine | **clipper** ˈklɪpər |
| Schutzhandschuhe | **protective gloves** prəˈtɛktɪv glʌvz |
| speziell | **particular** pərˈtɪkjələr |
| Spiegel | **mirror** ˈmɪrər |
| Spitzenpapier | **end wraps** ɛnd ræps |
| | **end papers** ɛnd ˈpeɪpərz |
| Stammkunde | **regular customer** ˈrɛgjələr ˈkʌstəmər |
| stehen (jdm. Stehen ) | **to fit** tu fɪt |
| Stielkamm | **tail comb** teɪl koʊm |
| Stirn | **forehead** ˈfɔrhɛd |
| Strähne (Haarsträhne) | **strand** strænd |
| strähnen | **to highlight** tu ˈhaɪˌlaɪt te |
| Struktur | **texture** ˈtɛksʧər |
| Stufen | **layers** ˈleɪərz |
| stufen | **to layer** tu ˈleɪər |
| stylen | **to style** tu staɪl |
| Stylingwerkzeuge | **styling tools** ˈstaɪlɪŋ tulz |

**T**

| | |
|---|---|
| teilen | **to divide** dɪˈvaɪd |
| Temperatur | **temperature** ˈtɛmprətʃər |
| tendieren | **to tend** tu tɛnd |
| Termin | **appointment** əˈpɔɪntmənt |
| Terminzettel | **appointment slip** əˈpɔɪntmənt slɪp |
| Tipp | **tip** tɪp |
| tönen | **to tint** tu tɪnt |
| Tönung | **tint** tɪnt |
| tragen | **to wear** tu wɛr |
| trendig | **edgy** ˈɛdʒi |

**U**

| | |
|---|---|
| übrig bleiben | **to remain** tu rɪˈmeɪn |
| Umgebung | **environment** ɪnˈvaɪrənmənt |
| umplanen | **to reschedule** tu riˈskɛdʒul |
| ungleichmäßig | **uneven** əˈnivən |

**V**

| | |
|---|---|
| verbinden | **to connect** tu kəˈnɛkt |
| Verbindung | **connection** kəˈnɛkʃən |
| Verkauf | **sale** seɪl |
| verkaufen | **to sell** tu sɛl |
| verlegen (einen Termin verschieben) | **to reschedule** tu riˈskɛdʒul |
| vermeiden | **to prevent** tu prɪˈvɛnt |
| verschmelzen | **to blend** tu blɛnd |
| verteilen | **to dispense** tu dɪˈspɛns |
| verwechseln | **to confuse** tu kənˈfjuz |
| viereckig | **square** skwɛr |
| vorrangig | **priority** praɪˈɔrəti |
| vorschlagen | **to suggest** səgˈdʒɛst |

**W**

| | |
|---|---|
| Wartebereich | **waiting area** ˈweɪtɪŋ ˈɛriə |
| Waschbecken | **sink** sɪŋk |
| | **bowl** boʊl |
| | **basin** ˈbeɪsən |
| Wasser-sprühflasche | **water spray bottle** wɔtər spreɪ ˈbɑtəl |
| Wasserstoff-peroxide | **hydrogen peroxide** haɪdrəʤən pəˈrɑkˌsaɪd |
| Watte | **cotton wool** ˈkɑtən wʊl |
| wiederherstellen | **to retrieve** tu rɪˈtriv |
| willkommen heißen | **to welcome** tu ˈwɛlkəm |
| Wirbel (z.B vorne im Pony) | **cowlick** ˈkaʊlɪk |
| Wirbel (oben auf dem Kopf) | **crown** kraʊn |

**X**

**Y**

**Z**

| | |
|---|---|
| Zeitverzug | **time delay** taɪm dɪˈleɪ *(to run behind)* |
| zugehörig | **related** rɪˈleɪtɪd |

# Notizen

# Notizen

# Notizen

# Notizen

# Notizen

# Notizen